Daniel Wieland

Permission Marketing

Entwicklung und Perspektiven des E-Mail-Marketings

IGEL Verlag

Daniel Wieland

Permission Marketing

Entwicklung und Perspektiven des E-Mail-Marketings

1. Auflage 2009 | ISBN: 978-3-86815-091-9

© IGEL Verlag GmbH , 2009. Alle Rechte vorbehalten.

Die Deutsche Bibliothek verzeichnet diesen Titel in der Deutschen Nationalbibliografie. Bibliografische Daten sind unter http://dnb.ddb.de verfügbar.

IGEL Verlag

Inhaltsverzeichnis

I

Abkürzungsverzeichnis

AIDA	Attention, Interest, Desire, Action (Werbemodell)
ARPA	Advanced Research Projects Agency (Amerikanische Forschungs-Agentur)
BBN	Bolt, Beranek, Newman (Amerikanisches Technologie-Beratungsunternehmen)
CAA	Creative Artists Agency (Amerikanische Filmagentur)
CANSPAM-Act	Controlling the Assault of Non-Solicited Pornography and Marketing-Act
CPC	Cost Per Click (Kennzahl fürs Internet-Marketing)
CPI	Cost Per Interest (Kennzahl fürs Internet-Marketing)
CRM	Customer Relationship Management
DMMV	Deutscher Multimedia Verband
DNS	Domain Name System (System für die Benennung von IP-Adressen)
IP	Internet Protocol (Protokoll für Datenverkehr)
MIT	Massachusetts Institute of Technology
NCP	Network Control Protocol (Protokoll für den Datenverkehr)
O.S.	ohne Seitenangabe
O.V.	ohne Verfasser
Pan Am	Pan American World Airlines
POS	Point Of Sale
ROI	Return On Investment
RSS	Real Simple Syndication (Internetsprache)
SR	Strafrecht
UWG	Gesetz gegen den Unlauteren Wettbewerb
ZfU	Zentrum für Unternehmensführung (Schweizer Business School)
Zit. nach	Zitiert nach

Abbildungsverzeichnis

Tabellenverzeichnis

1   Einleitung

Ein vermeintlich uninteressanter Online-Kauf von CDs entpuppt sich als perfektes Beispiel für ein umfangreiches Permission Marketing. Nachdem die CDs im virtuellen Warenkorb untergebracht wurden, gelangt man beim Online-Portal von Citydisc[1] auf die Bestellseite, welche im Anhang dargestellt ist. Unterhalb der Aufzählung der zu kaufenden Produkte finden sich verschiedene Aufgabeaufforderungen in folgender Reihenfolge:

- Geschenkgutschein/Coupon einlösen
- Text für Geschenkkarte
- Webmiles Login bzw. Anmeldung
- Meine Mitteilung an Citydisc.ch
- Korrespondenzsprache
- Anmeldung für den Newsletter (2x pro Monat)

Fünf dieser sechs Punkte (ohne „Text für Geschenkkarte") können dem Permission Marketing untergeordnet werden. Das Einlösen des Geschenkgutscheins steht im Zusammenhang mit einer erfolgreichen Incentivierungs-Strategie, dank welcher der Kunde seine persönlichen Daten im System von Citydisc gespeichert hat, um die CDs zu kaufen. Das Login zu Webmiles geht auf eine Kooperation mit webmiles.de zurück und bietet dem Kunden die Möglichkeit, ins Punkte-Prämien-System einzusteigen. Mit der Option, eine Mitteilung an Citydisc.ch zu schicken, kann der Kunde in persönlichen Kontakt mit dem Customer Care gelangen und so dem Unternehmen wichtige Hinweise auf mögliche Verbesserungen geben. Diese Interaktion zwischen Kunde und Unternehmen erhöht ausserdem die Zufriedenheit des Kunden und somit dessen Bindung an das Unternehmen. Die Frage nach der Korrespondenzsprache dient in erster Linie dazu, die Transaktion möglichst problemlos abzuwickeln. Das Unternehmen kann auf diese Weise auch demografische Daten sammeln, welche für die weitere Beziehung nützliche Informationen liefern. Diese weitere Kunden-Beziehung besteht im Online-Marketing häufig aus Newslettern. Mit einem Klick kann auch bei Citydisc das zweimal monatlich erscheinende Newsletter bestellt werden. Ebenso wie Citydisc arbeiten unzählige weitere Firmen mit dem auf Seth Godin zurückgehenden Permission Marketing.

---

[1] Citydisc ist ein Schweizer Detailhändler im Multimedia-Bereich und in der Schweiz mit 24 Filialen sowie Online vertreten.

Die Anfänge des Marketings gehen auf den einfachen Tauschhandel zur Verteilung von Wirtschaftsgütern zurück. Durch die Entdeckung, dass Spezialisierung Produktionssteigerungen hervorruft, wurden die ersten Tauschgeschäfte eingeleitet. Der geschickte Handwerker stellte Pfeil und Bogen her und tauschte dies gegen die Beute des talentierten Jägers und so weiter. Dieses Tauschen begründete die ersten Marketing-Aktivitäten. Mit der Entstehung örtlicher Märkte dehnte sich das Marketing auf spezialisierte Institutionen aus, welche den Austausch unterstützten. Probleme entstanden allerdings bei Gütern von unterschiedlichem Wert. Ein Schiffbauer profitierte zu wenig, wenn er sein Schiff mit einem einzigen Fischer gegen eine riesige Portion Fisch tauschen sollte. Die Notwendigkeit nach einem alternativen Tauschmittel führte schliesslich zur Geldwirtschaft. Das Geld, anfänglich noch Bohnen, Angelhaken, Muscheln oder Ähnliches, stärkte die Rolle der Märkte und erlaubte es den Menschen, Reichtum anzuhäufen. Für die Entwicklung des Marketings war dann aber die Einführung der Massenproduktion viel entscheidender. Durch die steigende Komplexität der Produktion und das Entstehen erster eigentlicher Unternehmen entstanden neue Aufgaben fürs Marketing, um den Fluss von Waren und Dienstleistungen zu kontrollieren. Als die biologischen Grundbedürfnisse erfüllt werden konnten, drängten sich psychologische, soziale und kulturelle Bedürfnisse vermehrt in den Vordergrund. Mit diesem Wechsel vom Notwendigen zu den Wünschen der Menschen rückten die Kundenbeziehungen stärker in den Mittelpunkt der Marketing-Aktivitäten.[2]

Nach ersten CRM- und Direktmarketing-Theorien wurde vor etwa zehn Jahren, Seth Godins Buch erschien 1999, Permission Marketing als ultimatives Instrument zur Gestaltung der Kundenbeziehungen angepriesen. Tatsächlich hat sich diese Form des Direkt-Marketings weit verbreitet und Unternehmen verschiedenster Branchen und Grösse bei einer erfolgreichen Interaktion mit den Kunden unterstützt. Was anfänglich als Mittel zum Durchbrechen der immer grösser werdenden Werbebelastung galt, hat jedoch mittlerweile als Teil der ganzen E-Mail-Flut selbst eine belastende Wirkung.

Dennoch ist die E-Mail ein wichtiger Teil des Marketing-Mix und gilt als erfolgreichste Kommunikations-Technologie seit dem Fern-

---

[2] Vgl. Kotler/Keller/Bliemel 2007, S. 8-11

sehen.[3] Auch das Platzen der Internet-Blase im Jahr 2001 hat den Siegeszug des E-Mails, der beliebtesten Internet-Anwendung,[4] keinen Abbruch getan. Laut einer Studie von JupiterResearch[5] vom Dezember 2007 beträgt die durchschnittliche Anzahl E-Mails 274 persönliche bzw. 304 geschäftliche pro Woche. 40 % der Konsumenten sagen laut diesem Report ausserdem, dass sie zu häufig E-Mails erhalten.[6] Dies zeigt sich auch in den jährlich von Emarsys[7] veröffentlichten E-Mail-Benchmarks, wonach die Öffnungsraten von E-Mails seit 2003 von 56% auf nur noch 35% im Jahre 2007 gesunken sind.[8]

Diese Zahlen zeigen deutlich, dass der E-Mail-Markt, inklusive Permission Marketing, hart umkämpft ist und eine gewisse Sättigung erkennbar ist. Dies ist nicht nur für die Konsumenten unangenehm, sondern vor allem für die Marketing-Fachleute (im Folgenden Marketer[9] genannt) problematisch, welche nun weitere Möglichkeiten suchen müssen, um sich aus der Masse hervorzuheben. Der scheinbare Ausweg aus der klassischen und übersättigten sogenannten Unterbrechungswerbung[10] ist möglicherweise selbst in einer Sackgasse gelandet.

Um herauszufinden, wie wirkungsvoll Permission Marketing trotz der hohen Belastung mit E-Mails noch ist, müssen verschiedene Punkte betrachtet werden. Im Praxishandbuch des Deutschen Multimedia Verbandes (dmmv) werden sieben Säulen für Permission Marketing definiert:

- Verständliche Erklärungen
- Nur aufgeforderte Werbung
- Adressenverwendung transparent
- Empfänger können abbestellen
- Hinweis auf Abbestellfunktion

---

3   Vgl. Jackson 2001, o.S., zit. nach: Tezinde/Smith/Murphy 2002, S. 29
4   Vgl. Zorn 2008, o.S.
5   JupiterResearch stellt umfassende Statistiken und Analysen zur Verfügung, um Firmen beim Umgang mit dem Internet und neuen Technologien zu helfen.
6   Vgl. Daniels 2007, S. 4-7
7   Emarsys eMarketing Systems AG ist einer der führenden Anbieter von E-Mail-Marketing- und E-Mail-Deliverability-Lösungen im deutschsprachigen Raum und veröffentlicht jedes Jahr die vielbeachteten E-Mail-Benchmarks.
8   Vgl. E-Mail-Marketing Benchmarks 2007, S. 5
9   Aus dem Englischen, jedoch nicht im deutschen Duden enthalten.
10 Vgl. Godin 1999, S. 21

- Keine Adressweitergabe
- Datenschutzrichtlinie[11]

Alle diese Faktoren spielen eine entscheidende Rolle bei der Frage, ob Permission Marketing den gewünschten Erfolg erzielen kann. Zu den verschiedenen Einflussfaktoren gibt es unzählige Untersuchungen und Theorien, welche mehr und weniger mit dem Thema zu tun haben. Die Abgrenzung von Permission Marketing zum restlichen E-Mail-Marketing ist grundsätzlich nicht schwierig, wird jedoch häufig missachtet. Dies ist, ebenso wie die auf den technologischen Fortschritt zurückgehenden Neuerungen, ein Problem, welches in dieser Untersuchung gelöst werden soll.

Als „Erfinder" des Begriffs Permission Marketing muss man Seth Godin bezeichnen, wie im zweiten Kapitel genauer gezeigt wird. Seit dem Erscheinen seines Best-Sellers[12] „Permission Marketing – Turning Strangers into Friends, and Friends into Customers" hat sich der Begriff mit einer rasanten Geschwindigkeit verbreitet und erfreut sich einer immer grösseren Beliebtheit. Er wird heute häufig synonym mit E-Mail-Marketing verwendet und steht somit oft nicht mehr direkt im Zusammenhang mit der von Godin aufgestellten Theorie. Trotzdem gibt es auch viele Marketer, welche das ursprüngliche Permission Marketing erfolgreich anwenden.

Die rasche Diffusion und Verwässerung des Begriffs bedürfen einer umfassenden Analyse. Um Permission Marketing auch in Zukunft professionell und gewinnbringend anwenden zu können, sind noch etliche Fragen zu klären. Dabei steht der Kunde im Mittelpunkt des Interesses. Es muss also abgeklärt werden, was genau der Kunde will und – ganz wichtig beim Thema E-Mail – was er nicht will. Eng damit verbunden sind auch die ganzen technologischen Entwicklungen und die dadurch entstehenden Möglichkeiten und Gefahren. Weiter stellt sich die Frage nach der Integration des E-Mail-Marketings in den Marketing-Mix. Auch das Thema Ethik oder die rechtlichen Grundlagen für Permission bzw. E-Mail-Marketing werden eine wichtige Rolle spielen. Da in einer Untersuchung dieser Grössenordnung nicht alle entsprechenden Fragen zur Zufriedenheit des Autors beantwortet werden können, liegt der Hauptfokus dieser Untersuchung auf folgenden Forschungsfragen:

---

[11] Vgl. Schwarz 2003, S. 32
[12] Vgl. Baker 1999, o.S.

1) Wie lässt sich Permission Marketing definieren und was hat sich seit der Einführung verändert? Was für ergänzende Theorien und Strategien wurden entwickelt?

2) Wie stark hat sich Permission Marketing durchgesetzt und wo wird es angewendet? Welche Möglichkeiten von Permission Marketing sind bereits ausgeschöpft und wo liegen noch Potentiale?

3) Was wissen die Konsumenten über Permission Marketing und wie sehen deren Bedürfnisse aus?

2 Definition und Entwicklung von Permission Marketing

Wie in der Einleitung bereits erwähnt, soll dieses Kapitel der Beantwortung der Frage nach der Definition und der Verwendung von Permission Marketing dienen. Um diese Definition in einen ganzheitlichen Rahmen einbetten zu können, beginnt das zweite Kapitel mit einem kurzen Rückblick über die Geschichte und Entwicklung des Internets und des E-Mails im Allgemeinen. Diese beiden Themen bilden, wie in untenstehender Abbildung zu sehen ist, die Grundlage für Permission Marketing.

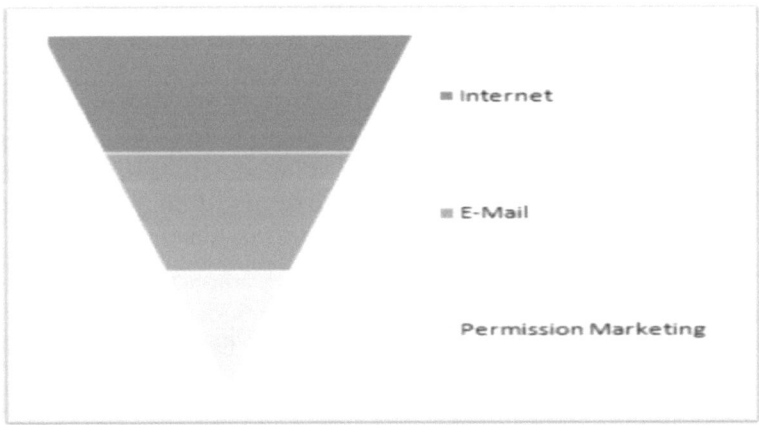

Abbildung 1: Permission Marketing Trichter

Die Abgrenzung von E-Mail- und Permission Marketing, welche in der Abbildung deutlich dargestellt ist, wird in der Praxis oft nicht präzise angewandt. Im Kapitel 2.2.2 wird genau definiert, was unter dem Begriff eigentlich zu verstehen ist. Auf diese Definition stützt sich dann auch der Rest dieser Untersuchung. Zusätzlich zur Definition werden in diesem Kapitel die verschiedenen Aspekte von Permission Marketing analysiert, mit aktuellen Informationen ergänzt und gegebenenfalls noch auf regionale Unterschiede hin untersucht. Zum Ende dieses Kapitels soll mit verschiedenen Visionen versucht werden, ein Einblick in mögliche zukünftige Entwicklungen – mit oder ohne Permission Marketing – zu geben.

2.1 Die Entwicklung von Internet und E-Mail

Die Erfindung des Internets basiert auf Überlegungen aus dem „Kalten Krieg" Ende der 50er Jahre, als ein Kommunikationsmedium gesucht wurde, welches auch bei gewaltigen Zerstörungen den Betrieb aufrecht erhalten konnte. Die Idee, welche zum Erfolg führen sollte, war die der paketorientierten Datenübertragung.[13] Die ersten Aufzeichnungen einer solchen Anwendung gehen auf Leonard Kleinrock vom MIT[14] zurück, welcher diese Theorie im Juli 1961 veröffentlichte. Bei dieser Technik werden die Daten auf dem einen Computer in eine Vielzahl kleiner Datenpakete aufgeteilt, welche dann verschickt und auf einem andern Rechner wieder zusammengesetzt werden. Diese Datenpakete können dann je nach Auslastung des Netzwerks auf verschiedenen Wegen und zeitlich gestaffelt übertragen werden.[15] Zusammen mit der 1962 von J.C.R. Licklider publizierten Vision eines „Galactic Networks", einem weltweiten Netzwerk von Computern, wodurch man schnellen Zugriff auf Daten und Programme von andern Computern haben kann, war der Grundstein für die Evolution des Internets gelegt.

Bis die Technologie für ein solches Netzwerk entwickelt war, dauerte es jedoch noch einige Jahre. 1965 gelang es den Forschern vom MIT, zwei Computer in Massachusetts und Kalifornien via Telefonleitung miteinander zu verbinden.[16] Als eigentlicher Beginn des Internets gilt das 1969 aufgeschaltete ARPANET (Advanced Research Projects Agency Net)[17], welches ganze vier Computer umfasste.[18] Ein Jahr später wurde dann das Network Control Protocol (NCP) entwickelt, ein standardisiertes Protokoll, dank welchem die Benutzer eigene Anwendungen programmieren konnten.[19]

Den Bedarf, über diese Netzwerke Textnachrichten zu verschicken, hat als erster Ray Tomlinson von BBN erkannt und erfolgreich um-

---

[13] Vgl. Hoffmann 1996, S. 8

[14] Das Massachusetts Institute of Technology (MIT) ist eine private Universität in Cambridge (Massachusetts, USA) und gilt als eine der weltweit führenden Universitäten im Bereich von technologischer Forschung und Lehre.

[15] Vgl. Egle 2008, o.S.

[16] Vgl. Leiner et al. 1997, S. 102-103

[17] ARPA ist eine Behörde des US-Verteidigungsministeriums, welches Forschungsprojekte für die Streitkräfte der Vereinigten Staaten durchführt.

[18] Vgl. Tire Business 2001, S. 10 sowie Tages Anzeiger 1998, S. 71

[19] Vgl. Leiner et al. 1997, S. 103

gesetzt. Im März 1972 hat er die erste E-Mail überhaupt versandt und somit die bis heute beliebteste Kommunikations-Anwendung des Internets erschaffen. Ebenfalls bereits in den ersten Monaten der Internet-Existenz wurden Anwendungen wie „packet-based voice communication", ein Vorgänger der heutigen Internet-Telefonie, „desk sharing" und sogenannte „Internetwürmer" (Viren) entwickelt.[20] Keine dieser Anwendungen konnte sich jedoch so gut durchsetzen wie die elektronische Post. Der Weg, den das E-Mail zum idealen Direktmarketing-Medium führen sollte, wird in den nächsten Kapiteln genauer rekonstruiert.

Parallel zum ARPANET wurde auch am CERN[21] ein Computernetzwerk entwickelt. Da am CERN bei Genf mit anderen Protokollen gearbeitet wurde, konnte sich das CERNNET jedoch nicht durchsetzen. Hier wurden dann aber die Internet-Protokolle entwickelt, wie sie heute weltweit benutzt werden. Auf ihnen baut das „World Wide Web" auf, welches 1992 öffentlich zugänglich gemacht wurde.[22]

Während mehr als zehn Jahren wurde das Internet hauptsächlich von Forschern und Universitäten benutzt und weiterentwickelt. Nachdem 1983/84 das standardisierte Internet-Protokoll (IP) [23] und das Domain Name System (DNS)[24] eingeführt wurden, begannen Firmen wie Cisco, Proteon und 3Com, auf kommerzieller Basis Router zu bauen. Mit der Einführung des WWW und der Veröffentlichung der ersten Web-Browser wurde das Internet, wie wir es heute kennen, lanciert.[25] 1993 haben sich die E-Mail Anbieter America Online und Delphi entschlossen, ihr E-Mail-System mit dem Internet zu verbinden, was das E-Mail als weltweiten Standard etablierte.[26]

---

20 Vgl. Leiner et al. 1997, S. 104
21 Conseil Européen pour la Recherche Nucléaire, deutsch: Europäisches Labor für Teilchenphysik
22 Vgl. Segal 1995, o.S.
23 Das Internet-Protokoll ist ein Satz von Regeln, welche bestimmen, wie Daten von einem Netzwerk auf ein anderes übertragen werden.
24 Das DNS weist jedem Rechner eine eigene 32-bit-Nummer zu. Da diese Nummern nicht sehr benutzerfreundlich sind, kann jeder Nummer ein eigener Domain-Name zugewiesen werden.
25 Vgl. Tages Anzeiger 1998, S. 71
26 Vgl. Crocker 2008, o.S.

Seither hat sich das Internet explosionsartig verbreitet, wie in untenstehender Abbildung zu sehen ist.

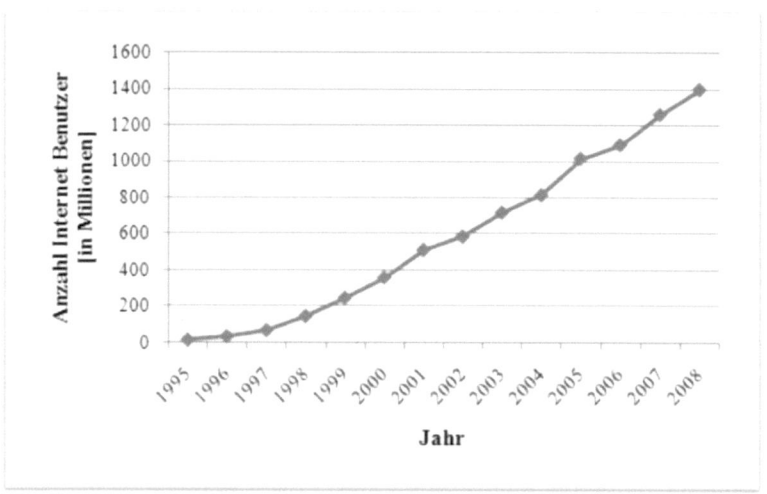

Abbildung 2: Wachstum der Anzahl Internet-Benutzer
Datengrundlage Internet World Stats[27]

Waren im Jahre 1995 erst 16 Millionen Benutzer online, hat sich diese Zahl auf über 1.4 Milliarden vervielfacht. Bis im Juni 2008 hatten laut der Miniwatts Marketing Group 1.464 Milliarden Menschen Zugriff aufs Internet. Dies entspricht einem Anteil an der Weltbevölkerung von fast 22 Prozent. Am meisten Internet-Benutzer kommen aus Asien (39.3%), gefolgt von Europa (26.7%) und Nordamerika (17.0 %). Die grösste Internetdichte weist mit einer Abdeckung von 73.6 % das Ursprungsland des Internets, die USA, auf.[28]

Nachdem das Internet anfänglich nur im Fokus der Forschung war, haben immer mehr Unternehmen mit kommerziellem Hintergrund begonnen, sich dafür zu interessieren. Ohne Online-Präsenz ist es für Unternehmen heute praktisch unmöglich, im Wettbewerb zu bestehen. Schon rasch wurde das Internet als neues Werbemedium entdeckt, welches zunächst hauptsächlich für Bannerwerbung ge-

---

27 Vgl. Miniwatts Marketing Group 2008, o.S.
28 Vgl. Miniwatts Marketing Group 2008, o.S.

nutzt wurde. Alleine in Deutschland wurden im Jahr 2007 976 Millionen Euro für grafische Online-Werbung[29] ausgegeben.[30] Doch auch das Direkt-Marketing hat sich dank dem Internet grundlegend verändert. Dabei spielt auch das von Seth Godin beschriebene Permission Marketing eine Rolle, welches im nächsten Kapitel beschrieben wird.

2.2 Permission Marketing

Recherchen in den wichtigsten Magazinen und Zeitungen haben ergeben, dass der Begriff „Permission Marketing" das erste Mal am 10. November 1997 auftauchte. In einem Artikel in der Zeitschrift Advertising Age erklärte Seth Godin erstmals die Grundzüge von Permission Marketing.[31] Mit der Veröffentlichung seines Buches im Jahre 1999 wurde der Begriff dann wirklich populär.

Die in diesem Kapitel folgenden Erklärungen basieren auf den Büchern „Permission Marketing – Turning Strangers into Friends and Friends into Customers" von Seth Godin (1999) und „Permission Marketing – macht Kunden glücklich" von Torsten Schwarz (2000). Da viele Inhalte in beiden Büchern in ähnlicher Art und Weise zu finden sind, ist in den Kapiteln 2.2.1 und 2.2.2 ein detailliertes Zitieren dieser beiden Bücher nicht möglich. Um dennoch einen Überblick über diese indirekten/sinngemässen Zitate zu haben, sind im Anhang die wichtigsten Themen und Kapitel der beiden Bücher aufgezeichnet.

2.2.1 Das Marketing-Umfeld vor Permission Marketing

Je nach Land und Herkunft der Quelle wird jeder Mensch mit täglich durchschnittlich 3'000 bis 8'000 (USA) Werbebotschaften konfrontiert. Die Ausgaben für die Werbung verzeichnen Jahr für Jahr hohe Wachstumsraten. Von diesen Tausenden Werbebotschaften kann ein Konsument jedoch nur einen Bruchteil wahrnehmen und verarbeiten. Speziell auch im Internet hat diese sogenannte Unterbrechungswerbung ein Ausmass erreicht, sodass ein Grossteil dieser Werbung nicht mehr wahrgenommen wird. Die Aufmerksamkeit

---

[29] Erfasst wurden Banner am Bildschirmrand, Pop-ups, gesponserte Webseiten und kurze Filme.
[30] Vgl. TecChannel 2008, o.S.
[31] Vgl. Godin 1997, S. 31

der Konsumenten ist jedoch genau das (knappe) Gut, wonach die Werber suchen. Statt immer mehr Geld mit klassischer Werbung zu verschwenden, greifen Marketer vermehrt auf folgende vier Auswege zurück:

1. Häufiger wird an ausgefallenen Orten geworben.

Wurden vor einigen Jahren noch Menschen mit Kleidern mit aufgedruckter Werbung als Werbeplattform genutzt, gibt es heute bereits Firmen, welche mit Werbe-Tattoos um Aufmerksamkeit kämpfen.[32] Es gibt natürlich auch etliche weniger extreme Beispiele wie das immer häufiger vorkommende Product Placement, welches im Vergleich zur klassischen TV-Werbung sogar Aspekte von Permission Marketing annimmt, da die Inhalte der entsprechenden Filme und Serien von den Kunden akzeptiert werden.[33]

2. Es wird mehr Wert auf kontroverse und unterhaltsame Werbung gelegt.

Für ihre Fernseh-Werbung arbeitet Coca Cola zum Beispiel mit der CAA (Creative Artists Agency) zusammen, um dem TV-Publikum möglichst unterhaltsame Werbung zu bieten. Eine weitere Herausforderung entsteht dadurch, dass für die Präsentation des eigentlichen Produkts immer weniger Zeit übrig bleibt, da Aufmerksamkeit und Unterhaltung immer wichtiger werden.

3. Häufiges Wechseln der Massen-Marketing Kampagnen.

Ganz nach dem Motto des „Variety Seeking" wechseln mittlerweile selbst grosse Unternehmen mit symbolträchtigen Logos immer häufiger ihre Werbekampagnen oder ihr Corporate Design. Sogar Nike hat in einigen TV-Spots auf sein Logo, eines der effektivsten der letzten Jahrzehnte, verzichtet.

4. Erhöhter Einsatz von Direkt-Marketing

Bereits etwa die Hälfte aller Marketing-Ausgaben wird für Direkt-Marketing oder Promotionen verwendet. Direkt-Werbung per Post oder E-Mail, Werbung am POS[34] oder Promotionen auf der Strasse sind in der Tat eine interessante Möglichkeit, Aufmerksamkeit bei den Konsumenten zu generieren.

---

[32] Vgl. Walter 2006, S. 13-15
[33] Vgl. Greenfield 2002, o.S.
[34] Point Of Sale

Auch wenn verschiedene dieser Massnahmen zumindest kurzfristig erfolgreich sein können, sind auch sie nur eine weitere Belastung für die Konsumenten, weshalb die Aufmerksamkeit für solche Werbestrategien ebenfalls weiter abnimmt. Deswegen wird nochmals mehr Geld ausgegeben, um die Kunden zu erreichen. Dies führt schlussendlich zu einem Teufelskreis, welcher dank Permission Marketing gebrochen werden soll. Wie das genau funktioniert und ob Permission Marketing auch in Zukunft Erfolg verspricht, wird im weiteren Verlauf dieser Arbeit untersucht.

2.2.2 Das Grundkonzept von Seth Godins Permission Marketing

Permission Marketing wurde bereits praktiziert, bevor der Begriff dafür überhaupt geboren wurde. In Baden, Deutschland, wurde 1978 eine „Globus"-Filiale eröffnet. Da Globus die Kundenbeziehungen besonders intensiv pflegte, gewann er rasch Sympathien in der Bevölkerung. Als Folge davon waren an vielen Briefkästen neben den „Bitte keine Werbung"-Aufklebern noch solche mit dem Hinweis „ausser Globus" zu finden. Die Möglichkeit, Werbung mit Erlaubnis zu verschicken, wurde also bereits vor der Veröffentlichung von Seth Godins Buch im Jahr 1999 entdeckt.[35] Im Folgenden wird sein Konzept vorgestellt. Um die Struktur klar erkennen zu können, wurden dabei weitere Unterkapitel gebildet.

2.2.2.1 Das Potential von Permission Marketing

Das Problem der immer grösser werdenden Werbebelastung für die Konsumenten und der abnehmenden Aufmerksamkeit wurde bereits in Kapitel 2.2.1 skizziert. Seth Godin betrachtet dies in Zusammenhang mit der Zeit, von welcher wir immer weniger frei zur Verfügung haben. Die grosse Nachfrage und die Knappheit der Ressource Zeit sind die beiden entscheidenden Faktoren. Das klassische Interruption-Marketing[36] kostet die Konsumenten eine Menge Zeit, weshalb die Aufmerksamkeit für diese Werbung stetig abnimmt. Die Kunden wären bereit, eine Menge Geld auszugeben um Zeit zu sparen, während die Massen-Marketer noch mehr Geld ausgeben, um Aufmerksamkeit zu erlangen. Permission Marketing hingegen

---

[35] Vgl. Schwarz, S. 18
[36] Wird mit Unterbrechungs-Werbung übersetzt und meint die besprochene Massenwerbung mit Anzeigen, TV-Spots etc.

bietet dem Kunden die Möglichkeit, auf freiwilliger Basis Werbung und Informationen zu erhalten und diese dann zu lesen, wenn er Zeit dazu hat. Seth Godin fasst die Vorteile in drei Punkte zusammen. Permission Marketing ist...

- erwartet: Man wartet darauf, Werbung zu empfangen.
- persönlich: Die Botschaften werden personalisiert und wenn möglich individualisiert.
- relevant: Die Inhalte sind für den Empfänger von Interesse.

Werbung personalisiert und für die verschiedenen Zielgruppen-Segmente relevant zu gestalten, war vor der Verbreitung des Internets äusserst schwierig. Heute ist das mit den richtigen Programmen ein Kinderspiel. Was es dabei genau für Möglichkeiten gibt, wird in späteren Kapiteln gezeigt.

2.2.2.2 Wie aus Fremden Kunden werden

Auf diese Weise werden Fremde zu Freunden und Freunde zu Kunden, wie es Godin formuliert. Diesen Prozess vergleicht er mit „Dating", welches in fünf Schritte unterteilt ist.

1. Dem Kandidaten einen Anreiz bieten.

Die wenigsten Kunden werden sich aus rein altruistischen Gründen auf einen Kontakt mit dem Unternehmen einzulassen. Die Möglichkeiten zur Incentivierung reichen von Information und Unterhaltung über Wettbewerbe bis hin zu barer Bezahlung. Verschiedene solcher Möglichkeiten werden in Kapitel 2.2.4 genauer erläutert. Das Hauptziel dieses ersten Schrittes liegt darin, den Kunden zu einem zweiten Date zu bewegen.

2. Die Aufmerksamkeit des Kandidaten nutzen, um über das Curriculum und das eigene Produkt[37] zu informieren.

Wie bereits beschrieben, besteht eine grosse Herausforderung darin, die Aufmerksamkeit der Kunden zu gewinnen. Ist dies einmal geschehen, gilt es, ihm das Produkt mit all seinen Vorteilen näher zu bringen. Die Möglichkeit, den Kunden frei über das eigene Produkt zu unterrichten, ist eine der grossen Stärken von Permission Marke-

---

[37] Umfasst nach moderner Auffassung alles, wofür der Kunde bereit ist, einen Preis zu bezahlen. Dazu gehören also auch Dienstleistungen. Vgl. Wohlgemut 2008, S. 170

ting. Der Verkauf des Produktes steht dabei noch nicht im Vordergrund.

3. Erneuerung der Anreize, um die Permission des Kandidaten zu gewährleisten.

Jeder Anreiz verliert mit der Zeit an Bedeutung und muss somit erneuert werden. Da dieser Marketing-Ansatz kein Monolog ist wie ein Grossteil der restlichen Werbung, können die Bedürfnisse der Kunden aufgenommen und für eine präzise Anpassung der Incentivierung benutzt werden.

4. Zusätzliche Anreize bieten, um die Permission auszubauen.

Das Ziel dieses Schrittes liegt darin, zusätzliche Informationen über die Kunden einzuholen. Wenn das beim ersten Schritt vielleicht nur die E-Mail-Adresse war, so sind nun zum Beispiel demografische Daten oder Hobbys interessant. Somit kann dann möglicherweise auch das Produktangebot ausgeweitet werden. Um dies zu erreichen, müssen dem Kunden allerdings zusätzliche Vorteile wie verbesserter Support oder Preisabschläge gewährt werden.

5. Die Permission nutzen, um das Verhalten des Kunden zu ändern und Profit zu machen.

Wie bei jeder Kundenbeziehung ist das Ziel auch hier der Profit. Der Kunde muss mit der Permission dazu bewegt werden, „ich will" zu sagen. (Womit wir den „Dating"-Kreis geschlossen hätten.) Wenn dies gelungen ist, können unter Berücksichtigung des hier erwähnten Prozesses mehr und mehr Produkte verkauft werden.

Dieser Weg, neue Kunden zu akquirieren, ist zwar teuer, zahlt sich aber je länger je mehr aus. Während beim Interruption Marketing die Werbung zum (häufig einmaligen) Kauf eines Produktes beitragen soll, versucht Permission Marketing durch einen nachhaltigen Kundendialog den Customer Lifetime Value zu erhöhen und somit die Gewinne zu steigern.

2.2.2.3 One-to-One Marketing und Frequenz

Die Idee von Seth Godins Permission Marketing stützt sich auf dem Marketing-Konzept aus dem Buch „The One to One Marketing Future" von Don Peppers und Martha Rogers aus dem Jahr 1994. Die durch den engen (1:1) Dialog mit den Konsumenten gesteigerte Loyalität ist der zentrale Bestandteil dieses Konzepts. Da die Akquirierung neuer Kunden sehr kostenintensiv und das Binden der bereits bestehenden vergleichsweise billig ist, soll man sich darauf konzentrieren. Das One-to-One Marketing setzt den Fokus darauf, den Wert der einzelnen Kunden zu erhöhen und nicht auf das Verkaufen an möglichst viele Kunden. Das E-Mail (mit Permission) ist dazu der optimale Weg, da mit geringem Aufwand und Kosten eine Vielzahl von Kunden erreicht werden kann. Es gibt jedoch auch kritische Stimmen, welche der Meinung sind, dass der Prozess der Kundenakquisition ebenso wichtig ist, da er auch die spätere Kundenbindung beeinflusst.[38] Ein gesundes Mittelmass und eine auf die situativen Gegebenheiten abgestimmte Fokussierung werden auch hier am meisten Erfolg versprechen.

Eine weitere wichtige Voraussetzung für erfolgreiches Permission Marketing ist das Vertrauen der Kunden. Der Mensch ist grundsätzlich darauf ausgerichtet, in jeder Lebenslage nach Sicherheit zu streben. Für das Unternehmen ist es deshalb wichtig, die Qualität und Funktionsfähigkeit des Produktes glaubwürdig zu kommunizieren. Dies drückt sich im Marken-Wert aus, wie man zum Beispiel bei Pan Am[39] erkennen kann, welches seinen Namen und sein Logo (ohne Sachvermögen) für mehrere Millionen verkauft hat. Dieses Vertrauen aufzubauen funktioniert mit einem simplen Prozess, dem Versenden von E-Mails mit hoher Frequenz. Allein durch die Frequenz kann die Vertrautheit mit einem Produkt oder einer Marke gesteigert werden, was schliesslich zu immer grösserem Vertrauen führt. Verschiedene Untersuchungen haben gezeigt, dass bereits die blosse (und wiederholte) Darbietung („mere exposure") zu positiven Assoziationen führt.[40] Eine hohe Frequenz der Werbung und des Vertrauens sind nach dem Konzept des Permission Marketings wichtiger als die Reichweite, wonach im Interruption Marketing meist gestrebt wird.

Bei häufigem Versenden von Werbung muss allerdings darauf geachtet werden, dass die Kunden davon nicht überbelastet werden. Selbst Godin hat in seinem Blog darauf hingewiesen, dass die Bereitschaft zum Zuhören bei den meisten Marketern zu wenig Beach-

---

[38] Vgl. Thomas 2001, zit. nach: Tezinde/Smith/Murphy 2002, S. 29
[39] Pan American World Airways
[40] Vgl. Rajecki 1990, S. 145

tung findet.[41] Dies ist auch Teil der Untersuchung, welche im dritten Kapitel erläutert ist.

2.2.2.4 Die fünf Permission-Level

Wenn man einmal die Permission des Konsumenten erlangt hat, kann man also damit beginnen, seine Produkte zu verkaufen. Doch wie diese Permission aussieht, ist je nach Situation verschieden. Seth Godin hat diese verschiedenen Permission-Level in fünf Stufen entlang einer Leiter unterteilt, auf welcher der Kunde mit zunehmender Permission hochklettern kann. Wenn diese mit dem Vertrauen der Kunden bzw. der Kundenbindung gegenübergestellt werden, kann man dies wie folgt darstellen.

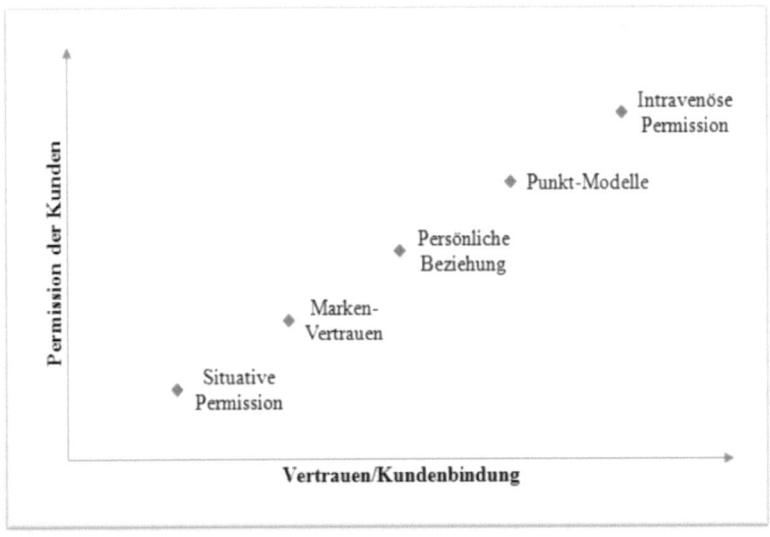

Abbildung 3. Die fünf Levels der Permission
In Anlehnung an Godin 1999, S. 98

---

[41] Vgl. Godin 2008, o.S.

1. Intravenöse Permission

Der intravenöse Permission-Level ist der höchste und erfordert von der Kundenseite her grosses Vertrauen. Wie bei einer ärztlichen Infusion kann der Marketer dem Kunden eine Auswahl von Produkten geben, welche dieser bereits im Voraus bezahlt hat. Das Risiko dieser Marketing-Methode ist allerdings sehr hoch, da die Beziehung bei einer schlechten Auswahl sofort gekündigt wird. Erfolgreich praktiziert hat dies vor einigen Jahren ein amerikanischer Bücherversand mit seinem „Book of the Month Club". Die Kunden gaben dem Unternehmen die Erlaubnis, ihnen jeden Monat ein Buch zu schicken, ausgewählt nach verschiedenen vorgegebenen Kriterien. Das Unternehmen konnte somit viele exklusive Bücher billig einkaufen und dann mit grosser Marge weitergeben. Das Abonnieren einer Zeitung (und den damit verbundenen Inhalten) basiert übrigens auf dem genau gleichen Prinzip. Auf diese oder ähnliche Weise ist das Konzept verbreiteter, als man auf den ersten Blick annehmen würde. Die Gründe, weshalb Kunden eine solch tiefgreifende Beziehung mit einem Unternehmen eingehen, sind vielfältig. Der wichtigste Grund dafür ist die Zeitersparnis für den Kunden. Häufig kann mit dieser ausgedehnten Permission auch Geld gespart werden, wenn auch der Nutzen möglicherweise tiefer ist als bei einer eigenen Kaufentscheidung. Viele Kunden sind ausserdem froh, wenn ihnen jemand die Entscheidung abnimmt, sei es aufgrund fehlender Produktkenntnisse oder weil jemandem das Fällen einer Entscheidung grundsätzlich Mühe bereitet.

2. Punkt-Modelle

„Haben Sie Cumulus?" wird man bei jedem Einkauf in der Migros gefragt, wenn man seine Karte (falls man eine besitzt) nicht schon hingelegt hat. Punkt-Modelle sind heute überall anzutreffen. Es gibt sie jedoch schon lange, zum Beispiel die „Mondo"-Punkte in der Schweiz oder die „Green Stamps" in den USA. Die Punkte haben eigentlich eine ähnliche Funktion wie Rabatte, besitzen jedoch den Vorteil, dass sie den Kunden langfristig ans Unternehmen binden und nicht nur kurzfristig wirksam sind. Das Vergeben von Punkten ist für die Marketer eine vergleichsweise billige Variante, Loyalität zu belohnen und die Kunden zu binden, welche diesen Punkten eine hohe Wertschätzung entgegenbringen. Daraus hat sich mittlerweile ein ganzer Punkte-Markt entwickelt und weit verbreitete Punkte (zum Beispiel Flugmeilen) haben bereits Währungscharakter. Ebenfalls interessant sind Versuche, für die Aufmerksamkeit der Kunden Punkte zu vergeben. Das hat sich jedoch nicht in grossem Masse durchgesetzt, da andere Methoden zur Erlangung von Aufmerksamkeit wirkungsvoller sind, wie in Kapitel 2.2.4 gezeigt wird. Neben den gewöhnlichen Punkt-Modellen, bei denen jeder Punkt einen finanziellen Gegenwert hat, gibt es Modelle, wo die Punkte mit einer Gewinnchance verbunden sind. Diese sind ebenfalls äusserst beliebt und können zu weiteren Kosteneinsparungen führen, da die meisten Kunden den Wert dieser Punkte überbewerten.

3. Persönliche Beziehung

Der dritte Level der Permission ist die persönliche Beziehung. Sie rangiert nach den Punkt-Modellen, da dabei keine Skaleneffekte erzielt werden können. Der Wert dieser Permission-Basis liegt bei der Beziehung des Kunden mit dem Mitarbeiter des Unternehmens. Wenn dieser jedoch die Firma verlässt, geht der ganze Wert dieses Levels verloren. Die persönliche Beziehung ist dennoch ein äusserst effektives Mittel, wichtige Kunden ans Unternehmen zu binden. Nach einer Segmentierung der Kunden in verschiedene Gruppen kann das Konzept ins Marketing eingebunden werden. Das weit verbreitete Key Account Management folgt genau diesen Überlegungen. In verschiedenen Branchen, beispielsweise für einen Doktor oder Anwalt, ist die persönliche Beziehung der zentrale Bestandteil des Marketings. Die Risiken, einen Klienten für immer zu verlieren, sind allerdings hoch, da diese bei Fehlern sehr sensibel reagieren können. Dieser Level ist ausserdem ein höchst effektives Mittel, wenn es darum geht, den Kunden auf ein höheres Permission Niveau, bis hin zum intravenösen, zu bringen.

4. Marken-Vertrauen

Das Marken-Vertrauen ist auf einem tieferen Level angesetzt als die bisher erwähnten. Es ist das, wonach die meisten Marketer mit ihrem Interruption-Marketing streben. Es gibt Marken wie zum Beispiel Marlboro oder Starbucks, welche ihr Image über viele Jahre hinweg aufgebaut haben. Laut Godin ist dies jedoch sehr überbewertet, da es extrem teuer zu erreichen ist, viel Zeit benötigt und nur schwer zu verändern ist. Das Marken-Vertrauen führt zu Marken-Erweiterungen, wodurch versucht wird, das bestehende Vertrauen in eine Marke auf verschiedene Produkte auszuweiten. Wenn diese neuen Produkte bei den Konsumenten gut ankommen, ist dies dem Marken-Vertrauen weiter zuträglich und eine gute Chance für das Unternehmen. Es besteht jedoch die Gefahr, dass durch einen Flop der Ruf des gesamten Unternehmens nachhaltig geschädigt wird. Dies nachher wieder zu korrigieren ist schwierig und mit hohen Kosten verbunden. Um sich von der Konkurrenz zu differenzieren ist die Marke jedoch ein wichtiges Instrument, welches mit Sorgfalt gepflegt und entwickelt werden muss.

5. Situative Permission

Der letzte nützliche Level ist derjenige der situativen Erlaubnis. Häufig geht dies auf ein Handeln des Kunden zurück, der zum Beispiel um Support bittet, und somit für eine begrenzte Zeit die Erlaubnis zum Dialog erteilt. Die Stärke dieser Interaktion liegt in der Nähe des Kunden und der Verkaufsperson. Da der Kunde den Dialog eingeleitet hat, ist das Problem genau definiert und ein baldiger Verkaufsabschluss sehr wahrscheinlich. Eine grosse Chance besteht mit der Möglichkeit, dem Kunden bei dieser Gelegenheit noch zusätzlich etwas zu verkaufen oder ihn stärker ins Permission Marketing einzubinden. Dazu sind allerdings ausführliche Schulungen des Personals im Umgang mit den Kunden notwendig.

Das hier aufgezeigte Permission Marketing geht wie bereits erwähnt auf das 1999 von Seth Godin publizierte Buch mit gleichnamigem Titel zurück. Da seither fast zehn Jahre, in welchen sich auch das Internet rasant entwickelt hat, vergangen sind, wurden einige Kapitel (vgl. Anhang) weniger stark berücksichtigt. Die Veränderungen, welche Permission Marketing seither durchgemacht hat, sind Bestandteil des nächsten Kapitels.

2.2.3 Evolution von zehn Jahren Permission Marketing

Wie bereits erwähnt wurde, gab es schon vor Seth Godin verschiedene Praktiken, welche dem Prinzip von Permission Marketing folgten. Der Begriff Permission Marketing entstand aber erst Ende 1997 und fiel in eine Zeit, als in den Vereinigten Staaten eine Diskussion um ein bundesstaatliches Datenschutzgesetz im Gange war.[42] Damals war das in Kapitel 2.2.2 vorgestellte Permission Marketing (mit wenigen Ausnahmen) ein revolutionäres E-Mail-Marketing Konzept, welches ausschliesslich auf Seth Godins Erläuterungen basier-

---

[42] Vgl. Data Strategy 2005, S. 15

te. Ein Jahr später veröffentlichte auch der Deutsche Torsten Schwarz sein Buch zum Thema und liess darin ein paar neue Aspekte einfliessen. Weitere Autoren, welche sich ausführlicher mit Permission Marketing beschäftigt haben, sind Kim MacPherson, Autorin von „Permission-Based E-Mail-Marketing That Works!" und Präsidentin und Gründerin von „Inbox Interactive"[43], und Dave Chaffey, Autor von „Total E-Mail-Marketing".[44]

Der Begriff Permission Marketing hat nicht nur verschiedene weitere Autoren angezogen, sondern wurde auch schnell von Firmen adaptiert, welche damit ihr Angebot erweiterten. Eine der ersten Firmen, welche sein Fundament auf Permission Marketing aufgebaut hat, ist das Unternehmen Responsys,[45] welches heute Marktführer ist im Bereich der E-Mail Service Provider.[46] Bis das Konzept auch bei grösseren europäischen Kommunikations-Unternehmen seinen Platz gefunden hat, dauerte es allerdings noch einige Jahre, wie die ersten Permission Marketing Angebote von T-Online von 2003 zeigen.[47] Die Kernkompetenz der meisten dieser Unternehmen liegt auf dem Entwickeln von Software, mit welcher Permission Marketing in verschiedenen Firmen angewendet werden kann. Durch verschiedene Innovationen, welche in den nächsten Kapiteln beschrieben werden, habe auch sie zur Evolution von Permission Marketing beigetragen.

Wenn man das Jahr 1997 als Zeitpunkt der „Erfindung" und Referenzpunkt nimmt, kann man eine Entwicklung in zwei Dimensionen feststellen. Einerseits hat seither eine Vertiefung des Begriffs und seiner einzelnen Aspekte stattgefunden. Diese Themen, wie zum Beispiel neue Ideen zur Gewinnung der Permission, werden in den Kapiteln 2.2.4-2.2.7 behandelt. Nebenbei hat sich aber auch eine Ausweitung des Begriffs entwickelt. Diese beinhaltet nicht nur die (fälschliche) Verwendung des Begriffs für E-Mail-Marketing, welches nicht den Vorstellungen von Permission Marketing entspricht, sondern auch eine Verbreitung des Konzepts auf verwandte Marketing-Medien. So waren laut einer branchenübergreifenden Studie

---

43 Vgl. MacPherson 2008, o.S.
44 Vgl. Chaffey 2008, o.S.
45 Vgl. Ruzinka 2000, o.S.
46 Vgl. Responsys 2008, o.S.
47 Vgl. E-Market Online 2004, o.S.

bereits im Jahr 2001 über 50 Prozent der Firmen dabei, auch im Offline-Marketing mit Permission Marketing zu arbeiten.[48]

Im Bereich Mobile Marketing wurden Anstrengungen unternommen, das Permission Marketing Konzept zu adaptieren. In einer Studie von Kavassalis et al. kommen die Autoren zum Schluss, dass die Inhalte für ein effektives und lukratives Mobile Marketing relevant, gewünscht und interaktiv sein müssen. Die Bedürfnisse der Konsumenten müssen respektiert werden und ein Permission Marketing mit Opt-In und klaren Opt-Out Anleitungen gelten als effizient. Auch die Diskussion um die Privatsphäre und den Konsumentenschutz sind dabei bereits entbrannt.[49] Die grossen Überschneidungen mit dem ursprünglichen Permission Marketing sind nicht zu übersehen, was verdeutlicht, dass die Potentiale auch auf anderen Medien erheblich sind. Laut dieser Studie ist die Verbreitung dieser Mobile Marketing Services vom Wachstum der wenigen „early entrants" in dieser Industrie abhängig. Bis heute hat sich hier Permission Marketing jedoch noch nicht in vergleichbarer Art und Weise durchgesetzt wie zum Beispiel beim E-Mail. Ähnlich sieht die Situation beim (Permission-basierten) SMS-Marketing aus, welches ebenfalls noch wenig Erfolg gebracht hat. Dies hat möglicherweise damit zu tun, dass das SMS von den meisten Konsumenten als persönlicheres und privateres Medium wahrgenommen wird als die E-Mail.[50] Mit den immer grösseren Möglichkeiten, welche die neusten Mobiltelefone bieten, wird wohl auch hier, ob mit oder ohne Permission, vermehrt geworben.

Nachdem zu Beginn das E-Mail das Hauptmedium für die Anwendung von Permission Marketing war, wurden auch im Online-Marketing neue Anwendungen entwickelt, von welchen man sich noch mehr Erfolg erhofft. Als erster Nachfolger der klassischen E-Mails haben sich Newsletter durchgesetzt, welche bald auch nach persönlichen Wünschen zusammengestellt werden konnten. In den letzten Jahren wurden dann Blogs immer beliebter und auch von Unternehmen als Instrument im Marketing-Mix eingesetzt. Der neuste Trend sind die sogenannten RSS-Feeds, mit welchen sich die Benutzer über verschiedene Inhalte, wie zum Beispiel normale Text-Nachrichten, Blogs oder Online-TV, immer aktuell informieren kön-

---

[48] Vgl. Precision Marketing 2001, S. 12
[49] Vgl. Kavassalis et al. 2003, S. 75
[50] Vgl. Precission Marketing 2003, S. 16

nen.[51] Im Verlaufe dieser Evolution hat sich Permission Marketing immer mehr von einer Push- zu einer Pull-Strategie entwickelt. Der Konsument kann heute dank den neuen Anwendungen viel freier über eine grosse Menge an Informationen verfügen. Die dadurch entstehenden Möglichkeiten stellen (insbesondere Permission-) Marketer vor eine grosse Herausforderung.

Die zukünftige Entwicklung von Permission Marketing ist schwierig zu beurteilen. Es ist aber anzunehmen, dass das Konzept auch für neue Medien bzw. neue Trends weiterhin interessant bleiben wird. Im Bereich des E-Mail-Marketings hat sich Permission Marketing jedenfalls erfolgreich etabliert.

2.2.4 Strategien zur Erlangung der Permission

Im Zusammenhang mit dem Einholen der Erlaubnis des Kunden wird oft vom sogenannten „Opt-In" gesprochen. Dies steht für den Prozess der Einwilligung, bei welchem der Kunde seine E-Mail-Adresse hinterlässt, um dann, je nach Abmachung, Werbung zu erhalten. Das Opt-Out steht analog dazu für die Abmeldung vom entsprechenden Dienst.

Um zu wissen, wie man die Permission am Besten einholen kann, muss man zuerst dessen Eigenschaften genauer untersuchen. Seth Godin kommt dabei auf vier spezifische Regeln:

1. Permission ist nicht übertragbar

Die Erlaubnis, von einem Unternehmen Werbung oder sonstige Informationen zu erhalten, gilt nur für genau dieses Unternehmen. Was auf den ersten Blick selbstverständlich erscheint, ist bei genauerem Hinschauen lediglich ein Wunschtraum. Das Kaufen und Verkaufen von Kundeninformationen (insbesondere -Adressen) ist ein Milliarden-Geschäft. E-Mail-Adressen und weitere Kundeninformationen stellen bei vielen seriösen Firmen einen wichtigen Teil der Firma, der Markt für Adressen-Broker blüht trotzdem. Das Geschäft mit gekauften Adressen entspricht jedoch nicht dem Geist des Permission Marketings, wo ebendiese „kalten" Adressen verpönt sind.

---

51 Vgl. Clark 2007, o.S.

2. Permission ist egoistisch

Ohne dem Konsumenten einen guten Grund für die Permission zu geben, wird kaum jemand seine E-Mail-Adresse zur Verfügung stellen. Es gibt verschiedenste Möglichkeiten, Anreize zu setzten. Die populärsten davon werden später in diesem Kapitel kurz erläutert.

3. Permission ist ein Prozess, kein Moment

Die Regel, dass Permission Marketing ein Prozess und kein Moment ist, trägt dem Umstand Rechnung, dass das ganze Konzept auf einem längerfristigen Dialog basiert und nicht bereits mit dem Opt-In abgeschlossen ist. Darauf wurde allerdings bereits in Kapitel 2.2.2 eingegangen.

4. Permission kann jederzeit gekündigt werden

Ein nicht zu unterschätzender Punkt ist die Möglichkeit zur sofortigen Kündigung. Im Gegensatz zum traditionellen Online-Marketing hat der Kunde die Macht, die Werbung zu verhindern. Dies kann einerseits den Marketer motivieren, nur immer die wertvollsten Informationen zu verschicken und schafft andererseits Vertrauen bei Kunden.[52] Die Opt-Out Problematik wird ebenfalls in diesem Kapitel noch behandelt.

Der Weg zur Permission kann, vereinfacht dargestellt, mit dem altbekannten AIDA-Modell beschritten werden. Für den ersten Teil, die Aufmerksamkeit („attention"), muss auch der Permission Marketer auf bewährte Methoden zurückgreifen. Auf die unzähligen Studien zu den verschiedenen Möglichkeiten, Aufmerksamkeit zu erhalten, kann hier aus Platzgründen nicht weiter eingegangen werden. Entscheidend für die nächsten Schritte sind die aktivierenden Reize. Wenn es gelingt, den Kunden mit einem solchen Reiz, zum Beispiel einem provokativen Bild, zum zuhören zu bewegen, kann der Marketer seine Botschaft übermittel und dabei wenn möglich Interesse („interest") und dann Begehren („desire") entfachen. Dabei soll stets der letzte Schritt, die Handlung („action"), also das Opt-In, im Mittelpunkt stehen.[53]

Für die beiden Schritte des Interesses und Begehrens müssen dem Kunden Anreize geboten werden. Diese können nach Chaffey einen Informations-, Unterhaltungs-, monetären, Transaktions- oder einen

---

[52] Vgl. Godin 1999, S. 143-154
[53] Vgl. Schwarz 2000, S. 82-83

Bevorzugungs-Wert annehmen.[54] So hat zum Beispiel die Firma E-Tractions vor einigen Jahren ein Online-Spiel mit dem selbsterklärenden Namen „Whackaflack"[55] herausgegeben, welches zum Spielen die Angabe der E-Mail-Adresse benötigte. Nur durch Mund-zu-Mund-Propaganda erhielt die Firma auf diese Weise Woche für Woche 5'000 E-Mail-Adressen.[56] Auf professionellerer Basis hat J. Crew die Kunden dazu gebracht, dem Unternehmen ihre Permission zu geben. Wer den Katalog nicht wie alle andern bereits am Donnerstagabend im Posteingang haben wollte und nicht erst am Freitag in der normalen Post, musste nur seine E-Mail-Adresse angeben. Eine Million Abonnenten ist darauf eingegangen und hat J. Crew eine umfangreiche Adress-Datenbank ermöglicht.[57] Das Gewinnen von Adressen im Allgemeinen hat verschiedenste Ausprägungen angenommen und steckt heute hinter fast jedem Wettbewerb oder vielen „Gratis"-Aktionen. In einer von Emarsys durchgeführten Studie sind News, Benachrichtigungen oder Updates die verbreitetsten Anreize und werden von 36 % der untersuchten Firmen angeboten. Gewinnspiele, Spezialangebote und Wissensvermittlung werden immerhin noch von 20 % - 24 % der Unternehmen als lohnenswerte Incentivierung genannt.[58] Die verschiedenen Möglichkeiten, den Kunden Anreize zu bieten, variieren natürlich von Branche zu Branche. Wenn man sich die beiden Permission Marketer Seth Godin und Torsten Schwarz zum Vorbild nimmt, wäre der optimale Köder ein Buch bzw. ein Kapitel des Buches, wie es die Autoren auf ihren Homepages anbieten. Da nicht jedes Unternehmen Buchkapitel verschenken kann, müssen diese, wie oben beschrieben, selbst kreativ sein.

Diese Anreize bringen das Unternehmen jedoch nicht weiter, wenn es den Kunden nicht erreichen kann. Bei jedem Kundenkontakt könnte theoretisch nach dem Einverständnis gefragt werden. Zusätzlich gibt es noch viele weitere Möglichkeiten, an neue E-Mail-Adressen zu gelangen. In der oben erwähnten Studie von Emarsys wurden dieselben Unternehmen nach ihren Taktiken zur Erweiterung der E-Mail-Listen befragt. Am meisten angewandt werden laut

---

[54] Vgl. Chaffey 2003, S. 90
[55] Whack bedeutet „Schlag" und flack steht für „Presseagent/in".
[56] Vgl. Dugan 2000, S. 102
[57] Vgl. Schwarz 2003, S. 21
[58] Vgl. E-Mail-Adressengenerierung 2008, S. 6

dieser Studie das Online-/Search-Marketing (Opt-In geschieht online) und die Kontaktaufnahme auf Messen und Veranstaltungen. Am seltensten benutzt wird das Kaufen/Mieten von Listen und das Virale Marketing, letzterem werden jedoch hohe Erfolgschancen zugeschrieben.[59]

Wenn man mit einer Kampagne den Kunden einmal erreicht hat, heisst das noch lange nicht, dass dieser dann auch seine Permission erteilt. Neben den bisher vorgestellten Regeln und Hinweisen gibt es ein paar weitere Punkte, welche den Erfolg entscheidend beeinflussen können. In der bereits zitierten Untersuchung von Tezinde, Smith und Murphy wurde nachgewiesen, dass eine signifikante positive Relation zwischen Personalisierung und den Response-Raten besteht. Auch eine Marken-Affinität hat eine positive Auswirkung auf die Response-Raten. Von der verschickten Post erhielten die von Hand geschriebenen Briefe fast dreimal mehr Antworten als die maschinell adressierten.[60] Da seither nochmals sechs Jahre vergangen sind, hat sich der positive Effekt der Personalisierung wahrscheinlich abgeschwächt, da sich die Konsumenten auch an diese (frühere) Besonderheit gewöhnt haben.

Ein weiterer Punkt, welcher beim Kunden einen guten Eindruck hinterlässt, ist das erklären einer „Privacy Policy". Eine solche Erklärung kann bei jedem Opt-In zumindest mit einem Link dargestellt oder bei Offline-Registrierungen mit einem kurzen Text erläutert werden. Darin sollten Fragen nach dem Inhalt der gesammelten Informationen (E-Mail, Post-Adresse oder Cookies), der Art und Weise der Datengewinnung (bei mehreren Varianten), dem Umgang (Sicherheit) und dem Verwendungszweck der Daten sowie dem Abmeldungsverfahren geklärt werden.[61]

Dieses sogenannte Opt-Out, also der Abmeldungsprozess, ist nicht so einfach, wie man meinen könnte und ist für den Kunden häufig mit grossem Aufwand verbunden. Für gewisse Abmeldungen muss man seine E-Mail-Adresse in ein Feld eintragen, bei anderen Methoden muss ein leeres E-Mail an eine spezielle Adresse geschickt werden und gewisse Verfahren erfordern sogar ein umständliches Einloggen in einen Account und anschliessendes Ändern der Ein-

---

[59] Vgl. E-Mail-Adressengenerierung 2008, S. 7-9
[60] Vgl. Tezinde,/Smith/Murphy 2002, S. 33-34
[61] Vgl. MacPherson 2001, S. 21-22

stellungen. Wegen ebendiesen Problemen bevorzugen es fast 60 Prozent der Benutzer, die E-Mails zu löschen statt sich vom entsprechenden Dienst abzumelden.[62] Dabei wäre ein einfach gestaltetes Opt-Out auch eine Chance für das Unternehmen, da zusätzlich zum grösseren Kundenvertrauen auch die Möglichkeit besteht, mit einfachen Links alternative Optionen zur vollständigen Abmeldung anzubieten. Ein Link zu einer Kontaktaufnahme ausserhalb des E-Mails (zum Beispiel auf die Website) kann den Kunden dazu bringen, die Abmeldung nochmals zu überdenken.[63]

2.2.5 Erfolgreiche Gestaltung des Kundendialoges

Um den Erfolg eines Kundendialoges zu beurteilen, muss zunächst definiert werden, welches die entscheidenden Kriterien sind. Das oberste Ziel des Marketers ist auch bei der Gestaltung des Kundendialoges, möglichst viel zu verkaufen. Da der Permission Marketer langfristig denkt, möchte er in erster Linie den Customer Lifetime Value erhöhen. Um dies zu erreichen, muss der Marketer das Vertrauen der Kunden gewinnen und die Loyalität stärken.

Wie bereits in Kapitel 2.2.2 erwähnt, strebt der Mensch nach Sicherheit. Das Unbekannte ist meist mit Unsicherheit verbunden, wodurch das Vertrauen der Kunden geschwächt wird. Deshalb ist es entscheidend, alles genau zu erklären. Das beginnt mit einem Hinweis darauf, weshalb der Empfänger diese E-Mail oder Newsletter empfängt, beinhaltet das Bereitstellen der bereits erwähnten Pricacy Policy und endet mit der Erklärung des Opt-Out Verfahrens. Speziell erläutert werden müssen natürlich auch alle mit dem Produkt verbundenen Elemente. Testberichte von neutralen Instanzen können ebenso wie Kunden-Meinungen oder Rezessionen in Zeitungen dank ihrer Unabhängigkeit einen wichtigen Vertrauensfaktor bilden. Ein einheitliches Corporate Design, vom Logo bis zum Produktdesign, hat ebenfalls einen hohen vertrauensstiftenden Wert, da sich der Kunde damit allein durch die Vertrautheit mit der Marke sicherer fühlt. Eine gute Marken-Politik, welche das Image des Unternehmens aufwerten kann, unterstützt einen erfolgreichen Kundendialog.[64]

---

[62] Vgl. Nussey 2004, S. 153-154
[63] Vgl. Gallogly/Rolls 2002, o.S.
[64] Vgl. Schwarz 2000, S. 85-87

Die Gestaltung eines solchen Kundendialoges erfolgt am einfachsten mit simplen Text-E-Mails (bzw. optisch ansprechenderen HTML-Mails) oder mit Newslettern, welche sich in den letzten Jahren einer immer grösseren Beliebtheit erfreuen. Erstere eignen sich vor allem für sogenannte Standalone-E-Mails, welche dem Kunden bei speziellen Gelegenheiten verschickt werden und damit die vertrauensbildende Frequenz erhöhen können. So kann man den Kunden zum Beispiel eine Woche nach dem Kauf eines Produktes nach seiner Zufriedenheit fragen und mit dem nötigen Support unterstützen. Wenn man bereits eine genügend hohe Permission, also persönliche Informationen wie zum Beispiel den Geburtstag, hat, können Glückwünsche und damit verbundene Spezialangebote verschickt werden. Mit solchen, unregelmässig verschickten, E-Mails, wird nicht nur das Vertrauen der Kunden erhöht, sondern sie bieten auch eine ideale Plattform zum Bewerben von neuen Produkten oder Aktionen. Newsletter werden meist mit einer regelmässigen Frequenz verschickt und dienen hauptsächlich dazu, den Kunden mit aktuellen Informationen über das Unternehmen bzw. dessen Produkte auf dem neusten Stand zu halten. Besonderen Erfolg versprechen dabei die personalisierten und individualisierten Newsletter. Wenn die Kunden die Möglichkeit haben, Inhalte gewisser Teile des Newsletters selbst zu bestimmen, erhöhen sich die Öffnungsraten erheblich. Zudem bietet das dem Unternehmen eine bequeme Möglichkeit, Marktforschung über die Präferenzen der Kunden zu betreiben.[65]

Anders als beim Offline-Marketing besteht beim Versenden von E-Mails und Newslettern immer die Gefahr der Abmeldung. Um den Kunden davon abzuhalten, muss der Marketer ständig darauf bedacht sein, möglichst diejenigen Informationen zu verschicken, welche für den Kunden interessant sind. Dabei ist es wichtig, stets die Sichtweise des Kunden anzunehmen und sich über dessen Probleme zu informieren. So sollen die dringendsten Fragen beantwortet werden können. Torsten Schwarz nennt dazu in seinem ersten Buch verschiedene nutzenstiftende Inhalte für einen Newsletter-Versand. Diese reichen von tagesaktuellen, internen oder externen Themen der Branche über Produkt- und Event-Informationen bis hin zu Tipps über interessante Angebote von Partnern.[66]

---

[65] Vgl. Schwarz 2000, S. 155-159
[66] Vgl. Schwarz 2000, S. 162

Wenn oben erwähnte Punkte erfolgreich umgesetzt werden, kann damit die Kundenloyalität erhöht werden. Aufbauend auf eine hohe Kundenzufriedenheit lässt sich mit dem Aufbauen von Wechselbarrieren eine stärkere Kundenbindung, die Vorstufe zur Loyalität, erreichen. Schwarz nennt vier verschiedene solche Barrieren, welche insbesondere bei Permission Marketing wirkungsvoll sind.

- Rechtliche Wechselbarrieren

   Dazu zählen zum Beispiel Exklusivverträge, Vertragslaufzeiten und Monopolsituationen, sodass der Kunde rechtlich keine Möglichkeit hat, den Anbieter zu wechseln.

- Finanzielle Wechselbarrieren

   Hierfür eignen sich besonders Rabattprogramme wie die in Kapitel 2.2.2 beschriebenen Punkt-Modelle. Je länger der Kunde bei einem Unternehmen ist, desto grösser wird sein Vorteil und desto stärker seine Bindung.

- Psychologische Wechselbarrieren

   Für das Aufbauen solcher Wechselbarrieren eignen sich vor allem die traditionellen Werbemassnahmen. Eine hohe Individualisierung der Kommunikation kann diesen Effekt noch verstärken. Eine starke Marke, welche mit mehr Sympathien verbunden ist als diejenige des Wettbewerbs, kann eine hohe Hürde zum Wechseln des Unternehmens darstellen.

- Praktische Wechselbarrieren

   Diese kommt im Online-Marketing speziell zum tragen. Sobald der Kunde einmal seine ganzen Informationen zum Kauf eines Produktes im Shop eingegeben hat, entsteht ein starkes Lock-In. Der Aufwand, bei einem Anbieter-Wechsel all dies erneut durchstehen zu müssen, schreckt viele Kunden ab. Ein zu langes Anmeldeverfahren kann jedoch nicht nur eine hohe Austritts-, sondern auch eine hohe Eintrittsbarriere darstellen. Die ganze Registrierung sollte deshalb nicht zu kompliziert gestaltet werden.

Der letzte Schritt in Richtung des Erreichens des Dialog-Zieles, eines möglichst hohen Customer Lifetime Values, besteht aus der Begeisterung des Kunden. Zuerst müssen dabei die Basisanforderungen erfüllt werden. Dazu zählen die grundlegendsten Funktionen eines Angebotes, wie zum Beispiel die Fahr-Fähigkeit bei einem Auto. Wenn der Kunde dann zufrieden ist, rückt das Erfüllen der Leistungsanforderungen in den Mittelpunkt. Um beim Beispiel des Autos zu bleiben: die Erwartung von zusätzlichem Hubraum muss erfüllt werden. Erst wenn dies alles erreicht wurde, kann beim Kunden die Begeisterung entfacht werden. Dazu muss die gebotene Leistung die Erwartungen in überraschender Art und Weise übertreffen.[67]

So kann schlussendlich eine möglichst hohe Kundenloyalität erreicht und dadurch der Profit maximiert werden.

2.2.6 Segmentierung, Individualisierung und Monitoring mit Datenbanken

Das Online-Marketing hat viele Vorteile gegenüber dem klassischen Marketing, viele davon wurden bereits beschrieben. Ein weiterer wichtiger Pluspunkt, welchem jedoch häufig zu wenig Bedeutung zugemessen wird, ist der erleichterte Umgang mit grossen Datenmengen. Dieser Vorteil macht sich nicht nur beim günstigen Versenden von E-Mails bemerkbar, sondern kann bei einer gut funktionierenden Datenbank auch die Segmentierung, Individualisierung und die Kontrolle des Online-Geschäfts unterstützen. Jeder Link, der auf der Homepage oder in einem E-Mail angeklickt wird, liefert Informationen. Bei verschickten E-Mails können diese Informationen sogar noch mit Namen verbunden werden. Somit weiss der Marketer nicht nur, dass ein gewisser Prozentsatz der Benutzer an einem Thema interessiert ist, sondern kann sogar genau definieren, wer das ist.[68] Neben den Interessen kann auch nach rentablen und unrentablen Kunden segmentiert werden.[69] So können je nach Umsatz des Kunden gezielte Marketing-Massnahmen eingeleitet werden.

Das Ziel ist also eine Kundendatenbank, mit welcher die Kunden segmentiert und individualisiert angesprochen werden können. Neben einer Segmentierung der bestehenden Kunden, kann natürlich auch die Zielgruppe segmentiert werden. Demografische Charakteristiken wie Geschlecht, Ausbildung, Einkommen oder Herkunft werden als einflussreiche Faktoren für die Internet-Benutzung und das Such-Verhalten betrachtet. Bray et al. haben zum Beispiel für die

---

[67] Vgl. Schwarz 2005, S. 172-175
[68] Vgl. Emarsys Sammelband E-Mail-Marketing-Studien 2007, S. 38-39
[69] Vgl. Schwarz 2000, S. 202

Hotel-Branche ihre Zielgruppe segmentiert und diese anhand ihres Online-Verhaltens in drei Gruppen unterteilt. Aufgrund von demografischen Merkmalen kann ein potentieller Kunde somit einer dieser Gruppen zugeteilt werden und entsprechend seines Online-Verhaltens beworben werden.[70] Mit einer solchen Segmentierung nach demografischen und psychografischen Eigenschaften soll von äusseren und sichtbaren Zeichen auf innere Einstellungen geschlossen werden können. Dies ist jedoch, was das *Online*-Verhalten angeht, nicht sehr zuverlässig. Eine Studie mit über 2'000 Internet-Benutzern hat keine einheitlichen Gruppen ergeben, anhand welcher das Online-Verhalten hätte bestimmt werden können.[71] Unabhängig von den angegebenen Charakteristiken zeigten die Benutzer je nach Situation unterschiedliche Verhaltensweisen. Dies lässt den Schluss zu, dass die Bedürfnisse der Benutzer wichtiger sind als demografische Merkmale, Lebensstile, Einstellungen oder angegebene Interessen.[72]

Die Möglichkeiten, den Erfolg von verschiedenen Marketing-Strategien zu messen, sind online ebenfalls einiges umfangreicher und preiswerter als beim klassischen Marketing. In Echtzeit können die Anzahl versandter E-Mails, die Anzahl Antworten, die Zahl der geöffneten Mails und die Anzahl Klicks auf Hyperlinks gemessen werden. Mit der richtigen Software können all diese Werte automatisch gesammelt und analysiert werden. Die teure Marktforschung mit Unterstützung externer Unternehmen entfällt somit. Dank neueren Systemen kann auch problemlos gemessen werden, wie viele E-Mails weitergeleitet wurden und welche Produkte, Bilder oder Texte bei welchen Kundengruppen besonders beliebt waren. Die verschiedenen Kennzahlen wie „Cost per Interest" (CPI), „Cost per Click" und der Return on Investment (ROI) werden ebenfalls ohne grossen Aufwand analysiert. Bei Systemen, welche an den Online-Shop angeschlossen sind, kann zudem das sogenannte Closed-Loop-Marketing angewandt werden. Mit dem Monitoring der verschiedenen Marketing-Massnahmen kann dann gemessen werden, welche Zielgruppe besonders positiv auf eine Massnahme reagiert hat.[73]

---

[70] Vgl. Bray et al. 2005, S. 1412-1414
[71] Vgl. Tezinde/Smith/Murphy 2002, S. 30, zit. nach: Rozanski et al. 2001, o.S.
[72] Vgl. Tezinde/Smith/Murphy 2002, S. 30
[73] Vgl. Schwarz 2003, S. 69

Alle diese Massnahmen bedürfen einer gewissen Anfangsinvestition. Wenn aber die ganze Datenbank gut ins Unternehmen integriert ist, lassen sich damit langfristig Vorteile gegenüber der Konkurrenz realisieren.

2.2.7 Juristische Situation in der Schweiz, Deutschland und den USA

Auch wenn die Ideen des Permission Marketing, also das Versenden von Werbung nach den vom Kunden gewünschten Massstäben, mit keinem Gesetz aus den im Titel erwähnten Staaten in Konflikt steht, soll in diesem Kapitel ein kurzer Überblick über die rechtlichen Rahmenbedingungen für E-Mail-Marketing gegeben werden.

In der Schweiz finden sich die relevanten Informationen im „Bundesgesetz gegen den unlauteren Wettbewerb" (UWG) vom 19. Dezember 1986, welches ans heutige technologische Umfeld angepasst wurde:

„Unlauter handelt insbesondere, wer: (…)

o. Massenwerbung ohne direkten Zusammenhang mit einem angeforderten Inhalt fernmeldetechnisch sendet oder solche Sendungen veranlasst und es dabei unterlässt, vorher die Einwilligung der Kunden einzuholen, den korrekten Absender anzugeben oder auf eine problemlose und kostenlose Ablehnungsmöglichkeit hinzuweisen; wer beim Verkauf von Waren, Werken oder Leistungen Kontaktinformationen von Kunden erhält und dabei auf die Ablehnungsmöglichkeit hinweist, handelt nicht unlauter, wenn er diesen Kunden ohne deren Einwilligung Massenwerbung für eigene ähnliche Waren, Werke oder Leistungen sendet."[74]

In Deutschland sind die gesetzlichen Grundlagen für E-Mail-Marketing ebenfalls im UWG unter „unzumutbare Belästigung" zu finden, welcher ausführlich im Anhang zu finden ist. Keller/Nagel (2007) erklären auf dieser Grundlage:

„Gemäß § 7 Abs. 1 UWG handelt unlauter, wer einen Marktteilnehmer in unzumutbarer Weise belästigt. Von einer unzumutbaren Belästigung ist nach § 7 Abs. 2 Nr. 3 UWG insbesondere bei einer Werbung unter Verwendung elektronischer Post auszugehen, wenn keine Einwilligung der Adressaten vorliegt. § 7 Abs. 3 UWG regelt

---

[74] SR 241 1986, S. 2-3

jedoch, dass eine unzumutbare Belästigung bei einer Werbung unter Verwendung elektronischer Post nicht anzunehmen ist, wenn

1. ein Unternehmer im Zusammenhang mit dem Verkauf einer Ware oder Dienstleistung von dem Kunden dessen elektronische Postadresse erhalten hat,

2. der Unternehmer die Adresse zur Direktwerbung für eigene ähnliche Waren oder Dienstleistungen verwendet,

3. der Kunde der Verwendung nicht widersprochen hat und

4. der Kunde bei Erhebung der Adresse und bei jeder Verwendung klar und deutlich darauf hingewiesen wird, dass er der Verwendung jederzeit widersprechen kann, ohne dass hierfür andere als die Übermittlungskosten nach den Basistarifen entstehen."[75]

Am 21. Mai 2008 hat das Bundeskabinett den Entwurf für eine Änderung des UWG beschlossen. Das Gesetz soll den Verbraucher/innen eine höhere Rechtssicherheit bieten und richtet sich an den EU-Richtlinien aus.[76]

In den Vereinigten Staaten ist das E-Mail-Marketing an den 2004 eingeführten CAN-SPAM Act of 2003 (Controlling the Assault of Non-Solicited Pornography and Marketing Act) gebunden. Wie die staatliche „Federal Trade Commission" publizierte, dient das Gesetz dazu, den Umgang mit E-Mails und Homepage-Inhalten zu regeln, welche Werbung als primären Zweck haben. Die wichtigsten Inhalte des Gesetzes sollen hier kurz aufgezeigt werden:

- Der Absender des E-Mails muss mit der „header information" („From.", „To." etc.) identifizierbar sein.

- Die Betreffzeile darf den Empfänger nicht in die Irre führen über den Inhalt oder den Zweck der Nachricht.

- In jedem E-Mail muss ein Opt-Out Mechanismus eingebaut sein, welcher es dem Empfänger erlaubt, keine zukünftigen Nachrichten mehr zu erhalten.

---

[75] Keller/Nagel 2007, S. 24
[76] Vgl: Bundesministerium der Justiz 2008, o.S.

- Kommerzielle E-Mails müssen als Werbung erkennbar sein und die physische Adresse des Absenders enthalten.[77]

Zwischen Deutschland (bzw. der EU) einerseits und der Schweiz und den USA andererseits gibt es einen entscheidenden Unterschied was das E-Mail-Marketing betrifft. In der Schweiz und in den USA herrscht eine lockerere Gesetzgebung, da eine Opt-Out-Möglichkeit ausreicht, auf legalem Weg Werbung zu versenden. Die EU-Richtlinien sind einiges restriktiver, weil hier Opt-In zwingend vorgeschrieben wird. Permission Marketing ist im EU-Raum also Gesetz. Aus Sicht des Permission Marketers ist dies höchstens fürs Einholen der Permission von Bedeutung, da die Anwendung von Permission Marketing das Vertrauen und die Sicherheit der Kunden stärker berücksichtigt, als dies vom Gesetz vorgegeben wird.

2.3 Wie und wo wird Permission Marketing heute angewendet?

Permission Marketing ist heute auf zwei unterschiedliche Arten verbreitet. Einerseits als Begriff, welcher synonym mit E-Mail-Marketing gebraucht wird, aber nur bedingt mit der von Godin initiierten Theorie zu tun hat. Der Begriff Permission Marketing hört sich sehr professionell an und wird, im Unterschied zu E-Mail-Marketing im Allgemeinen, nicht mit belästigenden E-Mails oder gar Spam assoziiert. Der Gebrauch des Begriffes hat also hauptsächlich eine äusserliche Bedeutung, was in dieser Untersuchung auch nicht weiter untersucht werden soll. Andererseits hat sich Permission Marketing über verschiedene Anwendungs-Möglichkeiten verbreitet, welche der „richtigen" Theorie folgen. Über diese wurde teilweise in vorhergehenden Teilen dieser Untersuchung bereits geschrieben. Die Anwendung kann aus zwei Perspektiven betrachtet werden. Auf der einen Seite gibt es die verschiedenen Unternehmen, welche Permission Marketing selbst anwenden bzw. Software-Firmen, welche entsprechende Programme anbieten. Auf der andern Seite muss auch die Ausweitung des Konzeptes auf verwandte (Kommunikations-)Medien untersucht werden, wozu in Kapitel 2.2.3 über die Evolution des Permission Marketings bereits einiges geschrieben steht.

---

[77] Vgl: Federal Trade Comission 2004, o.S.

Seth Godin ist der Gründer der Yoyodyne Entertainment Inc., einer Marketing-Firma, und hat dort das Konzept des Permission Marketing entwickelt.[78] Somit ist sie auch das erste Unternehmen, welches Permission Marketing unter diesem Begriff praktiziert hat. Nachdem Godin Anfang 1998 Yahoo dafür kritisiert hat, die Goldmine zu ignorieren, welche die Informationen von 80 Millionen Benutzer mit ihren Suchanfragen beinhalten würde, hat Yahoo reagiert und Godin ins eigene Marketing geholt. Im Oktober 1998 kaufte Yahoo für 29.6 Millionen Dollar die Yoyodyne Entertainment Inc. von Godin ab.[79] Einer der ersten Anbieter von Permission Marketing Programmen war Responsys, welches mit „Jumpstarts" eine der ersten kommerziellen Anwendungen entwickelt hat. Damit wurde den Firmen die Möglichkeit gegeben, rasch und preisgünstig E-Commerce Programme mit personalisierten Inhalten zu realisieren. Diese Anwendung unterstützte die Marketer nicht nur bei der Gestaltung von E-Mails, Newslettern und Homepages, sondern konnte bereits Statistiken über den Erfolg von Kampagnen liefern.[80] Seither sind weitere Unternehmen dazugekommen, welche umfangreiche Permission Marketing-Lösungen anbieten. Die meisten sind jedoch Online- oder E-Mail-Marketing-Firmen, welche Permission Marketing in ihr Programm aufgenommen haben. Ganz dem Permission Marketing verschrieben hat sich einzig die neuseeländische Unternehmung „Permission Marketing". Da ein integriertes Permission Marketing gerade bei grossen Unternehmen eine sehr komplexe Angelegenheit sein kann, ist das Outsourcing an professionelle Anbieter eine häufig gewählte Option. So hat zum Beispiel Procter & Gamble sein Permission Marketing an Xor ausgegliedert.[81] Anstelle eines E-Mail-Marketings in Zusammenarbeit mit einem solchen Anbieter arbeiten natürlich auch viele Unternehmen mit einem eigenen internen Permission Marketing Programm. Am bekanntesten und deshalb auch häufigsten zitiert werden in diesem Zusammenhang Unternehmen wie Amazon, Tesco und mittlerweile auch Yahoo. Neben diesen Grossunternehmen wird Permission Marketing auch in kleineren Firmen benutzt. Stark verbreitet hat es sich vor allem in Unternehmen, welche ihre Kernkompetenzen rund ums Internet

---

78 Vgl. Taylor 1998, o.S.
79 Vgl. Mangalindan 1999, o.S.
80 Vgl. Direct Marketing 63(2000)4, S. 10
81 Vgl. Amato 2002, o.S.

haben. In verschiedensten Branchen kann jedoch die eine oder andere Form von Permission Marketing gefunden werden, wie sich am Beispiel von AWS[82] zeigt. Das Unternehmen hat über seine interaktive Anzeigen-Plattform Werber und Gamer vernetzt. Die Benutzer gewisser PC-Games konnten auswählen, welche Firmen rund um diese Games werben sollten. Auf diese Weise konnten die Unternehmen effizient ihre Werbung platzieren und die Gamer hatten keine unerwünschten Anzeigen.[83]

Das Permission Marketing hat sich also, wie auch am letzten Beispiel zu erkennen ist, von seinen Ursprüngen in verschiedene Richtungen weiterentwickelt. Im Kapitel über die Evolution wurde die Verwendung des Konzeptes bei Mobiltelefonen bereits kurz erwähnt. Als das SMS vor etwa 7-8 Jahren als Marketing-Instrument entdeckt wurde, haben sich viele Konsumenten über werbeorientierte SMS gefreut. Die immer stärker werdende Werbebelastung hat jedoch auch hier zu Problemen geführt. Nicht nur aufgrund der immer restriktiveren Gesetzgebung hat sich Permission Marketing auch für dieses Medium als ideale Lösung hervorgetan.[84]

Die Anwendung von Permission Marketing hat sich also von seinen Ursprüngen weiterentwickelt und ist heute in verschiedensten Branchen und (Kommunikations-)Medien zu finden.

---

[82] AWS Convergence Technologies bieten innovative Lösungen an, welche die Vernetzung, Kommunikation und Informationsgebrauch der Kunden verbessern sollen.
[83] Vgl. Bourgeault 2007, o.S.
[84] Vgl. Precission Marketing 2003, S. 16

3 Studie zu den Konsumentenbedürfnissen und -Erwartungen

3.1 Hintergrund und Ziele der Umfrage

In diesem empirischen Teil der Untersuchung soll versucht werden, Fragen nach den Bedürfnissen und Erwartungen der Konsumenten zu beantworten. Aufbauend auf den ersten beiden Kapiteln soll erarbeitet werden, welche Rolle Permission Marketing im Kontext der kontinuierlich wachsenden E-Mail- und Werbeflut spielt und welche Möglichkeiten sich in Zukunft bieten werden. Da durch eine reine Literaturrecherche nur ein Teil dieser Frage geklärt werden kann – die Literatur wird von Marketern dominiert, Konsumenten melden sich selten zu Wort – soll mit dieser Studie auch der Blickwinkel der Kunden berücksichtigt werden. Dadurch sollte ein repräsentativer Überblick über die Situation des Permission Marketings sowie eine Prognose über die weitere Entwicklung ermöglich werden.

Es sei nochmals darauf hingewiesen, dass auch in diesem Kapitel das „richtige" Permission Marketing im Zentrum steht und nicht E-Mail-Marketing. In der Umfrage werden jedoch auch einzelne Aspekte untersucht, welche auch auf das allgemeine E-Mail-Marketing (oder Online-Marketing) übertragen werden können und somit auch hierfür relevant sind. Verschiedene Themen wie die Gestaltung von E-Mails bzw. Newslettern oder die Erfolgsmessung von unterschiedlichen Kampagnen werden mit dieser Studie nicht untersucht. Stattdessen konzentriert sich die Umfrage auf den Umgang mit der elektronischen Post und die damit verbundenen Einstellungen.

Permission Marketing wurde dank Seth Godin in den USA bekannt und hat sich auch dort am stärksten durchgesetzt. In Deutschland wurde das Konzept von Torsten Schwarz adaptiert und hat somit auch im deutschsprachigen Raum Anklang gefunden. Die Umfrage wurde jedoch zum grössten Teil mit Schweizer E-Mail-Adressen durchgeführt, weswegen eine gewisse Verzerrung der Resultate nicht zu umgehen ist. Wie sich das genau auswirkt, ob die Schweiz in diesem Bereich besonders fortschrittlich oder eher konservativ ist, bedürfte wohl einer eigenen Studie.

Bei der Gestaltung der Umfrage und dem Verschicken der E-Mails wurde der Autor dankbarerweise von der ZfU International Business School[85] unterstützt. Die Teilnehmer der Umfrage stehen also in Verbindung mit dem ZfU, wie im nächsten Kapitel genauer erklärt wird.

3.2 Systematische Gestaltung des Fragebogens

Die Frage nach den Bedürfnissen und Erwartungen der Kunden hat einen deskriptiven Charakter. Es soll somit erfasst und beschrieben werden, welche Kenntnisse die Konsumenten von Permission Marketing haben und was sie darüber denken. Um einen möglichst umfassenden Einblick zu erhalten, wurde dabei ein quantitativer Ansatz gewählt. Bei den Überlegungen zum effektivsten Marktforschungs-Instrument hat sich der Fragebogen als beste Lösung herauskristallisiert, da somit ein möglichst objektives Resultat erzielt werden kann. Da das Online-Verhalten zwischen verschiedenen sozialen Gruppen (Alter, Herkunft, Einkommen etc.) sehr stark divergiert und wenige bis keine Produkte eine so heterogene Zielgruppe aufweisen, macht eine Untersuchung mit der Gesamtbevölkerung als Grundgesamtheit wenig Sinn. Die Umfrage konzentriert sich deshalb auf die Zielgruppe des ZfU und nimmt somit nicht für sich in Anspruch, allgemeingültige Resultate zu liefern.

Beim Auswahlverfahren wurde darauf geachtet, dass die angeschriebenen Teilnehmer das ZfU gut kennen und somit keine Irritationen wegen des Mailings entstehen und die Antwortquote möglichst hoch würde. Von den 642 verschickten Umfragen wurden 131 beantwortet, was einen erfreulichen Rücklauf von 20.4 % ergibt. Da die E-Mail-Adressen aus der Datenbank des ZfU stammen, kann die Repräsentativität nicht bezüglich der gesamten (Schweizer) Bevölkerung, sondern nur bezüglich der ZfU-Zielgruppe gewährleistet werden. Dabei müssen allerdings noch Abstriche gemacht werden, da eine Verzerrung des Rücklaufs aufgrund der nichtantwortenden Probanden bei einer E-Mail-Umfrage nicht verhindert werden kann.

Der Fragebogen, welcher im Anhang abgedruckt ist,[86] wurde als Link verschickt. Er besteht aus acht (Web-)Seiten, durch welche die

---

[85] Das Zentrum für Unternehmensführung ist eine private Busniess School aus Thalwil und bietet dem mittleren und oberen Management verschiedenste Weiterbildungsmöglichkeiten an.

[86] Zur Erklärung der Antwortmöglichkeiten: Kreise bedeuten Single Choice, bei Quadraten waren mehrere Antworten möglich.

Teilnehmer geführt werden. Inhaltlich ist der Fragebogen in drei Teile gegliedert. Im ersten wird mit den Eröffnungsfragen das Wissen der Teilnehmer zum Thema Permission Marketing untersucht. Die verschiedenen abgefragten Begriffe, welche nicht allen bekannt waren, wurden auf der Folgeseite kurz erklärt. Der Hauptfokus des zweiten Teils liegt auf dem Umgang mit E-Mails und Newslettern bzw. mit der Einstellung diesen Medien gegenüber. Dafür wurde die Reihenfolge der Fragen dynamisch gestaltet, je nach Antwort wurden die Folgefragen angezeigt oder nicht. Im zweiten Teil der Umfrage wurden die Kernfragen behandelt, welche Aufschluss über die Bedürfnissen und Erwartungen der Kunden geben sollen. Zum Schluss des Fragebogens wurden noch ein paar persönliche Informationen aufgenommen, wodurch sich möglicherweise unterschiedliche Verhaltensmuster erkennen lassen.

In der bewusst kurz gehaltenen Begrüssung und Einleitung des Fragebogens wurde versucht, den Teilnehmern Anreize zu bieten, ganz im Sinne des Permission Marketing. Durch die Möglichkeit, interessante Informationen zum Thema zu erhalten und die Resultate der Umfrage zugeschickt zu bekommen, konnte ohne finanziellen Aufwand eine erfreuliche Response-Quote erreicht werden. Auf der zweiten Seite, nach der Einleitung, wurde durch das Abfragen verschiedener mit Permission Marketing verwandter Begriffe (und Personen) getestet, wie viel die Teilnehmer davon wissen. Auf einer vierstufigen Skala konnte markiert werden, wie bekannt die verschiedenen Begriffe sind. Um Reihenfolgeeffekte zu verhindern, wurde die Reihenfolge der Begriffe bei jedem Teilnehmer per Zufallsauswahl festgelegt. Diese Technik wurde auch im zweiten Teil der Umfrage angewendet. Die dritte Seite diente lediglich der Wissenserweiterung der Teilnehmer und soll für die Studie keine weitere Rolle spielen. Danach wurde untersucht, wie hoch die E-Mail- und Newsletter-Belastung der Teilnehmer ist. Zu den „gelesenen", „direkt gelöschten" und „aus dem Spam-Ordner gelöschten" E-Mails wurde die tägliche Anzahl ermittelt. Ebenfalls auf der vierten Seite wurde nach der Anzahl abonnierte Newsletter gefragt, wozu dann auf Seite fünf (nur im Falle von mindestens einem Newsletter-Abonnement) detailliertere Informationen erforscht wurden. Da Newsletter ein sehr beliebtes Permission Marketing Instrument darstellen, wurden diese ausführlich studiert. Neben der Anzahl abonnierter Newsletter wurde auch untersucht, wie viele davon wirklich gelesen werden, wie viel Zeit dafür investiert wird und aus welchen Gründen bzw. mit welchen Inhalten sie bestellt wurden. Um Hinweise für mögliche Verbesserungsmöglichkeiten von Newslettern zu erhalten, wurde auch noch nach den Abbestell-Gründen sowie nach der aktuellen und gewünschten Frequenz gefragt. Nebst der Ermittlung des Umgangs mit Newslettern wurden natürlich auch zum E-Mail Gebrauch verschiedene Fragen erarbeitet, welche Anhaltspunkte über die Bedürfnisse der Kunden liefern können. Dabei wurden geschäftliche und private E-Mails berücksichtigt, welche nicht zwingend in einem direkten Zusammenhang mit Permission Marketing stehen mussten. Die Teilnehmer wurden zuerst nach der grundsätzlichen Einstellung gegenüber E-Mails befragt und dann nach dem Empfinden einer allfälligen Belastung durch diese. Der Hauptteil des Fragebogens schloss mit der Frage nach den Vorstellungen über den zukünftigen Gebrauch von E-Mails und mit einer Einschätzung über die Chancen von Permission Marketing. Auf der vorletzten Seite wurden noch Fragen nach dem Alter, dem Geschlecht und der Hierarchie innerhalb des Unternehmens gestellt. Zwischen verschiedenen Merkmalsgruppen können somit Unterschiede im Umgang mit E-Mails und Newslettern sichtbar gemacht werden. Auf der achten und letzten Seite bestand die Möglichkeit, die Resultate der Umfrage zu erhalten und einen Kommentar abzugeben.

Mit dem so konstruierten Fragebogen soll die dritte Forschungsfrage mit empirischen Daten beantwortet werden. Die Antworten und daraus resultierenden Ergebnisse sind Inhalt des nächsten Kapitels.

3.3 Die Ergebnisse im Überblick

Die Resultate der Umfrage werden im Folgenden in sechs Kapitel gegliedert. Im ersten Teil wird ein demografisches Profil der Teilnehmer gemacht, welche den Fragebogen ausgefüllt haben. Danach werden die Ergebnisse zur Bekanntheit von Permission Marketing erläutert, welche zur Beantwortung der dritten Forschungsfrage beitragen sollen. Das dritte Kapitel beinhaltet die Antworten zum Umgang mit E-Mails und den damit verbundenen Vorstellungen. Für Permission Marketing stellen Newsletter eine interessante Variante dar, wozu die Untersuchungsergebnisse im vierten Kapitel illustriert sind. Im fünften Kapitel werden die Erwartungen bezüglich der Zukunft von Permission Marketing aufgezeigt. Abschliessend werden die Ergebnisse auf demographische und hierarchische Unterschiede hin überprüft.

3.3.1 Demografisches Profil der Stichprobe

Wie bereits im letzten Kapitel erwähnt, setzt sich die Grundgesamtheit aus den Teilnehmern von ZfU-Veranstaltungen zusammen. Die Altersstruktur, die Unterscheidung nach Geschlecht und das Hierarchie-Level (5 als tiefster Level) im Geschäft sind in folgender Tabelle zusammengefasst.

Alter	in %	Geschlecht	in %	Hierarchie	in %
20-30	12.0	Mann	65.0	5.	0.9
31-40	25.6	Frau	35.0	4.	8.5
41-50	42.7			3.	35.0
51-60	16.2			2.	41.0
60+	3.4			1.	14.5

Tabelle 1: Demografisches Stichproben-Profil

Die Angaben zu den verschiedenen Altersgruppen und Geschlecht sind in Prozent der gesamten Stichprobe angegeben. Der grösste Teil der Teilnehmer, nämlich 42.7 Prozent, ist also zwischen 41 und 50 Jahre alt. Das Geschlechterverhältnis ist mit fast 2/3 zugunsten der Männer ebenfalls ein Faktor, der wohl einen Einfluss auf verschiedene Ergebnisse hat. Ein weiterer Einfluss geht auch von der speziellen Zusammensetzung der Stichprobe bezüglich der Hierarchie im Unternehmen aus. Über 90 Prozent der Teilnehmer gaben an, in ihrem Unternehmen auf einem mittleren bis hohen Hierarchielevel zu sein.

Der Einfluss der demografischen und hierarchischen Merkmale auf die verschiedenen abhängigen Variablen wird in Kapitel 3.3.6 untersucht.

3.3.2 Bekanntheit von Permission Marketing (-Begriffen)

Die Bekanntheit und Verbreitung von Permission Marketing und verwandten Begriffen wurde ermittelt, indem die Teilnehmer markieren mussten, ob sie den jeweiligen Begriff bzw. die Person „noch nie gehört" (Intensität 1 in Abbildung 4), „schon gehört" (2) haben, „kennen" (3) oder „regelmässig verwenden" (4). Die Ergebnisse bezüglich der Bekanntheit der vier Begriffe „Permission Marketing", „Opt-In/Opt-Out", „Interruption Marketing" und „Rechtliche Rahmenbedingungen" sind in Abbildung 4 dargestellt.

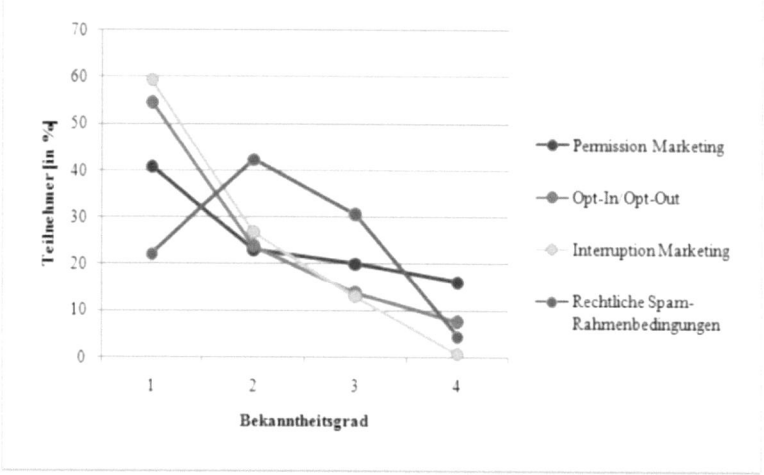

Abbildung 4: Bekanntheitsgrad von Permission Marketing

Aus der Abbildung lässt sich ablesen, dass über 40 Prozent noch nie etwas vom Begriff Permission Marketing gehört haben. Dies bedeutet jedoch nicht, dass all diese Teilnehmer nicht von Permission Marketing betroffen sind, sondern liegt wohl an der mangelnden Bekanntheit des in den USA kreierten Wortes. Die rechtlichen Spam-Rahmenbedingungen sind hingegen bekannter, spielen im Gebrauch allerdings nur eine marginale Rolle. Die regelmässige Verwendung des Begriffes Permission Marketing von immerhin 16.2 Prozent zeigt dessen Popularität wenigstens bei einem Teil der Teilnehmer.

Von den beiden Autoren Seth Godin und Torsten Schwarz hatten weniger als 20 Prozent je gehört und wurden einer besseren Übersicht zuliebe, ebenso wie Double-Opt-In und den fünf Permission Marketing-Level, in der Grafik nicht berücksichtigt.

3.3.3 Verwendung und Erwartungen von E-Mails

Die Belastung durch E-Mails lässt sich einerseits auf der Ebene der Anzahl täglich bearbeiteter E-Mails und andererseits auf der Ebene der gefühlten Belastung messen. Die Anzahl täglich gelesener E-Mails ist in Abbildung 5 dargestellt.

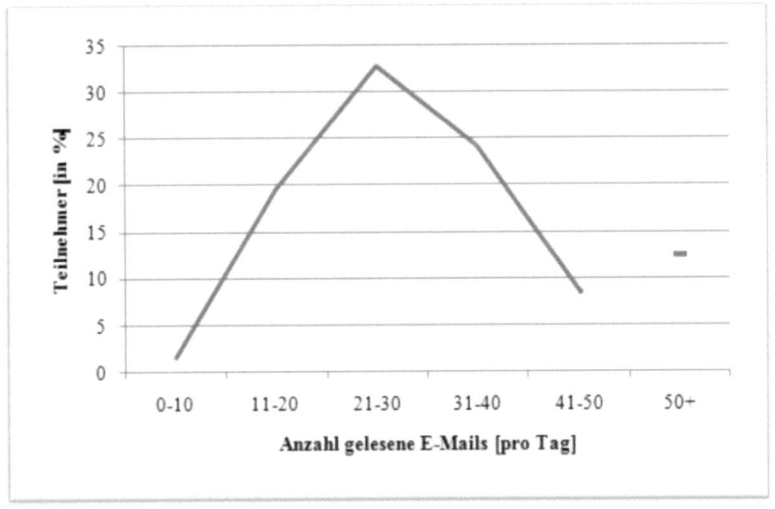

Abbildung 5: Anzahl täglich gelesener E-Mails

In der Grafik kann man den eindeutigen Trend erkennen, dass nur sehr wenige Personen weniger als 10 bzw. mehr als 50 E-Mails am Tag lesen. Zur täglichen Anzahl „direkt gelöschter" und „Spam"-Mails wurden die Teilnehmer ebenfalls befragt. Der Durchschnitt Ersterer lag bei 12 und der Letzter bei 15 E-Mails pro Tag. Es werden also mehr E-Mails gelesen (Durchschnitt 32) als ohne Lesen gelöscht. Dies ist sicherlich auch den restriktiveren Anti-Spam-

Massnahmen und Black Lists zu verdanken, welche sich in den letzten Jahren durchgesetzt haben.[87]

Wenn man die psychologische Einstellung gegenüber E-Mails analysiert, gilt es als Erstes festzustellen, dass gut 86 % das E-Mail eher als Segen und nicht als Fluch wahrnehmen. Aufbauend auf dieser positiven Grundeinstellung hat sich ergeben, dass der Grossteil der Teilnehmer den Aufwand durch das Lesen von E-Mails als „eher viel" bzw. „zu viel" empfindet, wie die unten stehende Abbildung zeigt.

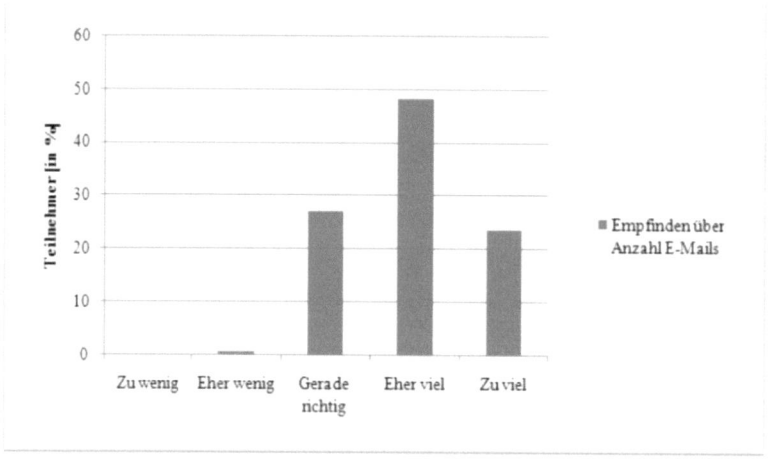

Abbildung 6: Empfinden der E-Mail Belastung

Die individuelle Schwelle bei dem Punkt, wo die Anzahl E-Mails als „gerade richtig" empfunden wird, ist nicht fix sondern verändert sich über die Zeit. Man darf deswegen nicht ohne weiteres davon ausgehen, dass das natürliche Belastungspotential bereits voll ausgeschöpft ist, auch wenn dies die Zahlen andeuten. Interessant ist in diesem Zusammenhang auch das Ergebnis über die geplanten Verhaltensänderungen was den Umgang mit E-Mails angeht. Trotz der hohen Belastung geben 2/3 der Teilnehmer an, das aktuelle Niveau beibehalten zu wollen und nur 18 % wollen den E-Mail-Gebrauch reduzieren.

---

[87] Vgl. Fuchs/Meletiadou/Sacher 2007, S. 7

Diese Zahlen zeigen deutlich, wie hoch die Belastung durch E-Mails mittlerweile geworden ist. Eine Analyse der damit verbundenen Probleme und Möglichkeiten ist Teil des vierten Kapitels.

3.3.4 Nutzung von Newslettern

Newsletter stellen einen günstigen und unkomplizierten Weg dar, Kundenbeziehungen durch Permission Marketing zu gestalten. Die Personalisierung und Individualisierung erlaubt ein auf jeden einzelnen Leser zugeschnittenes Mailing. Unter Berücksichtigung dieses Sachverhalts wurden verschiedene Aspekte der Newsletter-Nutzung untersucht. Ein erster Anhaltspunkt liefert die Erkenntnis bezüglich der Anzahl abonnierter und tatsächlich gelesener Newsletter. Abbildung 7 verdeutlicht die Diskrepanz zwischen diesen beiden Werten.

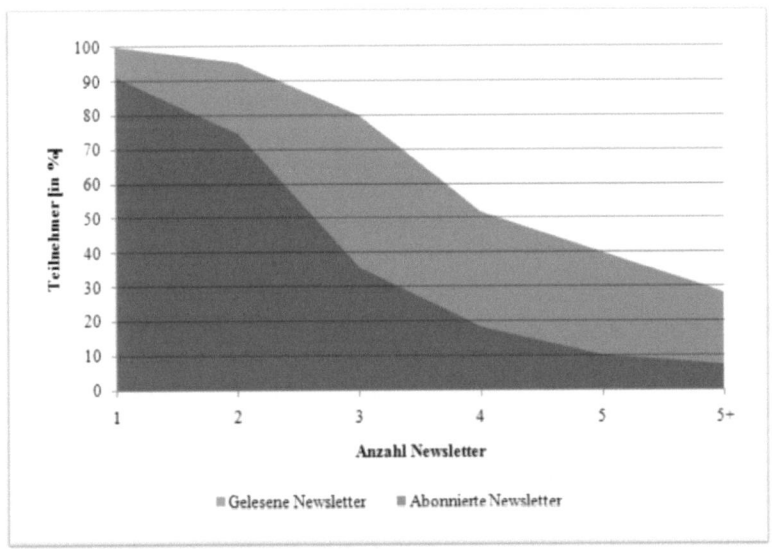

Abbildung 7: Anzahl abonnierte bzw. gelesene Newsletter

Um diesen Sachverhalt deutlich darzustellen, wurden die von den Teilnehmern gemachten Werte (Anzahl abonnierte Newsletter) aufsummiert und in Prozente umgerechnet, so dass nun der Prozentsatz der Teilnehmer, welche zum Beispiel 3 oder mehr Newsletter abonniert haben, mit 80 beziffert und aus der Grafik abgelesen werden kann.[88] Die hellgraue Fläche zeigt somit die abonnierten aber nicht gelesenen Newsletter. Als Grund dafür gaben 69 Prozent die fehlende Zeit an, jene knappe Ressource, welche einen zentralen Bestandteil des Permission Marketing Konzeptes darstellt. Der Unterschied bei *einem* bestellten bzw. gelesenen Newsletter ist darauf zurückzuführen, dass 9 % der Teilnehmer zwar Newsletter abonniert haben, diesen jedoch nicht lesen. Die Teilnehmer, welche gar keine Newsletter erhalten, wurden für diese und die weiteren Fragen nicht berücksichtigt.

Die Inhalte der verschiedenen Newslettern setzten sich folgendermassen zusammen.

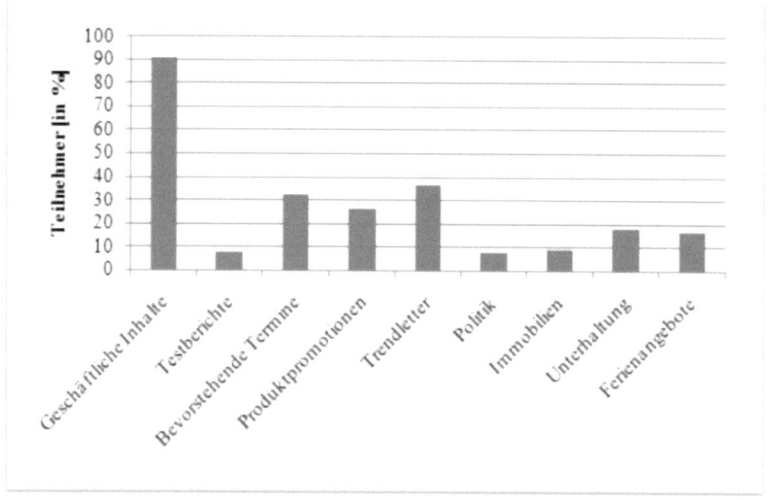

Abbildung 8: Newsletter Inhalte

Eine überwiegende Mehrheit der Teilnehmer, nämlich 91 Prozent, haben unter anderem Newsletter mit geschäftlichen Inhalten bestellt. Alle restlichen Themen entsprechen eher individuellen Bedürfnissen und erreichen kein ähnliches Level wie die Geschäftsthemen. Die wichtigsten Newsletter-Themen dürften mit dieser

---

[88] Der Prozentsatz der Teilnehmer, welche 3 oder mehr Newsletter abonniert haben beträgt 35.

Aufzählung abgedeckt sein, weitere Vorschläge der Teilnehmer ergaben keine besonderen Trends. Wie an diesen Themen erkannt werden kann, ist das Beschaffen von Information der Hauptgrund für das Abonnieren von Newslettern. Wenn dies mit Informieren über ein Produkt gleichgesetzt werden kann, hat der Permission Marketer ein wichtiges Ziel erreicht.

Einen Einfluss auf erfolgreiches Permission Marketing haben auch die Frequenz, mit welcher die Newsletter versendet werden und der Umfang der Inhalte. Die Frequenz, mit welcher die Teilnehmer im Moment durchschnittlich ihre Newsletter empfangen sowie jene, mit welcher sie diese am liebsten empfangen würden, sind in der nächsten Abbildung illustriert.

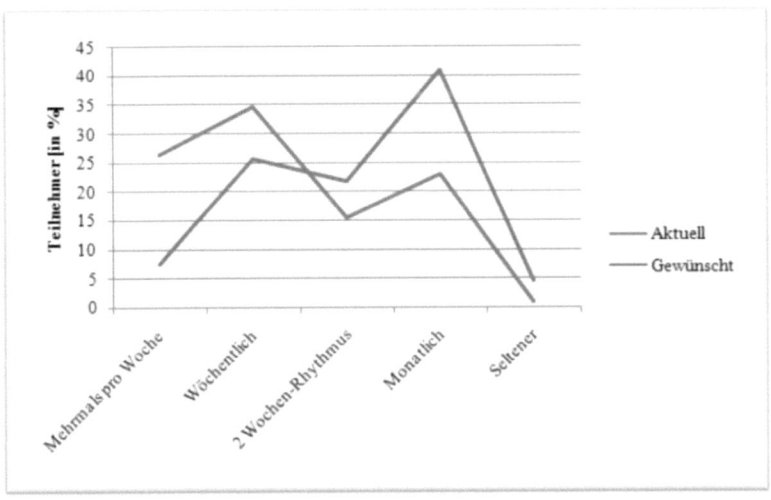

Abbildung 9: Frequenz der Newsletter

Es lässt sich deutlich erkennen, dass die Newsletter mit einer höheren Frequenz versendet werden, als dies eigentlich gewünscht würde. Die Differenz zwischen den beiden Linien auf der linken Hälfte der Grafik zeigt, dass 10-20 % der Leser häufiger Newsletter erhalten als sie eigentlich möchten. Die rechte Seite der Grafik weist entsprechend das Unterangebot an seltener erscheinenden Newslettern aus. Das ist sicherlich auch ein Grund für die in Abbildung 7 festgestellte Tatsache, dass viele Newsletter nicht gelesen werden.

Besonders demotivierend sind Newsletter für die Kunden dann, wenn sie viele nicht erwünschte Informationen enthalten. Die bereits angesprochene Individualisierung der Newsletter(-Inhalte) soll durch den Kunden selbst vorgenommen werden können, damit dieser die Zeit möglichst effizient nutzen kann. Abbildung 10 zeigt die Zeit, welche von den Teilnehmern fürs Lesen von Newslettern aufgewendet wird.

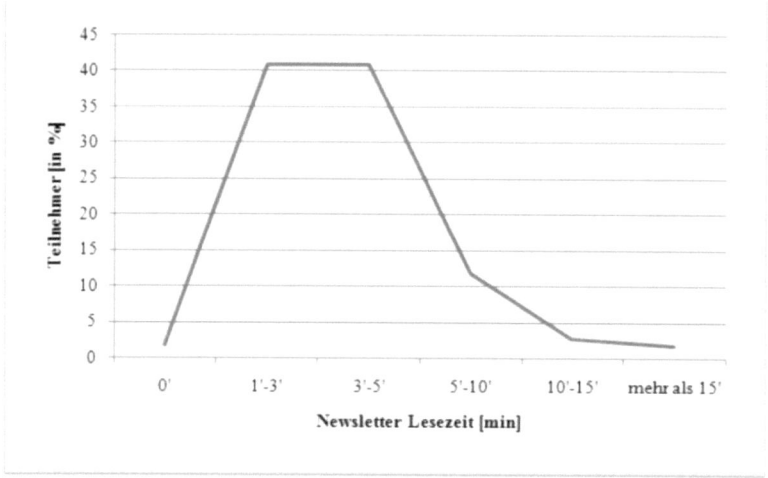

Abbildung 10: Newsletter Lesezeit

Da die meisten Teilnehmer nicht mehr als fünf Minuten in einen Newsletter investieren, ist es nötig, dessen Inhalte auf eine kurze Lesezeit auszurichten. Denn nur wenn die Erwartungen der Kunden genügend gewürdigt werden, kann Permission Marketing erfolgsversprechend angewendet werden.

3.3.5 Zukunftserwartungen von Permission Marketing

Nachdem die Teilnehmer der Umfrage einiges über das Thema Permission Marketing erfahren haben, wurden sie noch nach einer Einschätzung über das zukünftige Potential gefragt. Wie die folgende Abbildung zeigt, sind 66.1 Prozent der Teilnehmer der Meinung, dass „Permission Marketing, richtig angewendet, Erfolgspotential birgt" (4 in Abbildung).

Abbildung 11: Zukunftschancen Permission Marketing

Die restlichen Einschätzungen, von „hat sich noch nie gelohnt" (1) bis *„alle* Kundenbeziehungen werden über Permission Marketing laufen" (5), wurden von den Teilnehmern insgesamt als weniger zutreffend erachtet.

3.3.6 Demografische und hierarchische Verhaltensunterschiede

Für drei Merkmale (Alter, Geschlecht und Hierarche) aus den persönlichen Angaben der Teilnehmer könnten unterschiedliche Gruppen gebildet werden. Aufgrund dieser unabhängigen Variablen sollen Rückschlüsse auf Zahlen über die Anzahl täglicher E-Mails, der Lesezeit von Newslettern und der gefühlten Belastung gemacht werden können, was es den Permission Marketern erlauben würde, den Kundendialog effizient und effektiv zu gestalten.

An der Umfrage haben 41 Frauen teilgenommen und 44 Teilnehmer waren unter 40 Jahre alt. Diese Zahlen lassen keine statistisch hochwertige Analyse zu, erlauben jedoch das Erkennen gewisser Trends aufgrund des Geschlechts oder Alters. In Bezug auf das Empfinden der Belastung durch E-Mails spielten diese beiden Faktoren über-

haupt keine Rolle, die Unterschiede zwischen den drei meistge-
nannten Antworten („gerade richtig", „eher viel" und „zu viel") be-
trugen nicht mehr als zwei Prozent. Die Resultate der Untersuchung
von demografischen Unterschieden in Bezug auf die Lesezeit von
Newslettern sind in Tabelle 2 dargestellt.

	Frau	Mann		Bis 40 J.	Über 40 J.
0'	2.6	2.8		5.1	0.0
1'-3'	46.2	37.5		43.6	39.4
3'-5'	30.8	45.8		38.5	42.3
5'-10'	15.4	9.7		7.7	14.1
10'-15'	2.6	2.8		5.1	1.4
15' +	2.6	1.4		0.0	2.8

Tabelle 2: Demografische Unterschiede der Newsletter Lesezeit

Anhand dieser Tabelle lässt sich die Tendenz erkennen, dass Männer mehr Zeit für das Lesen von Newslettern aufwänden, ebenso
wie ältere Personen. Mehr als eine schwache Tendenz in diese Richtung ist jedoch nicht erkennbar. Der Einfluss des Geschlechts und
des Alters auf die Anzahl gelesener E-Mails ergab keine aussage-
kräftigen Resultate. Die Wirkung von Mediatoren, wie zum Beispiel
die Position im Beruf, konnte bei dieser Form der Untersuchung
nicht berücksichtigt werden. Aufgrund des hierarchischen Levels
der Teilnehmer konnten jedoch gewisse Unterschiede festgestellt
werden.

Die Anzahl der täglich gelesenen E-Mails liegt bei den Personen auf
einem höheren Hierarchie-Level (1 und 2) mit 26.2 % deutlich häufiger bei über 40 E-Mails als bei jenen auf tieferen Hierarchie-
Niveaus (3, 4 und 5). Von diesen erhalten nur 17.3 % so viele E-
Mails. Deutliche Unterschiede zeigen sich auch bei der Zeit, welche
ins Lesen von Newslettern investiert wird.

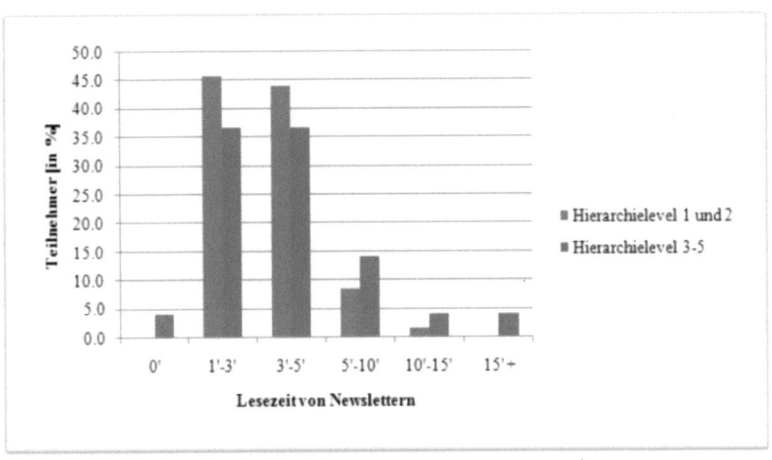

Abbildung 12: Newsletter Lesezeit nach Hierarchielevel

Nur gerade 10.2 Prozent der Teilnehmer, welche sich auf das höchste oder zweithöchste Hierarchielevel eingestuft haben, geben an, mehr als fünf Minuten ins Lesen von Newslettern zu investieren. Ein erwartungskonträres Resultat liefert hingegen die Aufteilung nach Hierarchieveln bezüglich der durch E-Mails empfundenen Belastung, wie Abbildung 13 zeigt.

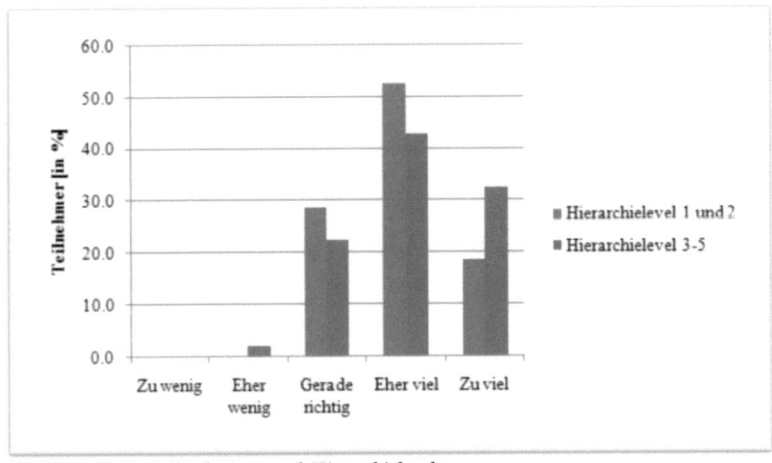

Abbildung 13: E-Mail Belastung nach Hierarchielevel

Obwohl ein hoher Hierarchielevel häufig mit einer grossen Anzahl zu lesender E-Mails einhergeht, zeigt die empfundene Belastung ein anderes Bild. Diese individuell divergenten Empfindungen gehen auf die Gewohnheit im Umgang mit E-Mails zurück, welche bei hierarchisch höher gestellten Personen über die Zeit zu einer Abschwächung der gefühlten Belastung geführt hat.

Die Implikationen, welche die Ergebnisse auf den zukünftigen Gebrauch von Permission Marketing haben können, sind Teil der Ergebnis-Analyse und werden im nächsten Kapitel behandelt.

4 Ergebnis-Analyse und Perspektiven

Dieses Kapitel beinhaltet als Erstes die Analyse der durch die Umfrage gewonnenen Antworten. Darauf und auf den Erkenntnissen aus dem zweiten Kapitel aufbauend werden dann die Potentiale und Perspektiven von Permission Marketing bestimmt. Abschliessend werden weiterführende Untersuchungsmöglichkeiten beschrieben, welche weiter zu erfolgreichem Permission Marketing beitragen könnten.

4.1 Analyse der Untersuchungsresultate

Bereits in Kapitel 3.3, dem Überblick über die Ergebnisse, konnte einige Schlussfolgerungen gemacht werden. Die verschiedenen Resultate sollen hier nun, ohne ausführliche Erklärungen der einzelnen Antworten, zusammengefasst und aufbereitet werden. Mit einer solchen Betrachtung der Resultate sollen Verbesserungspotentiale für die Anwendung von Permission Marketing erkannt werden. Da mit der Umfrage auch Themen abgedeckt wurden, welche nicht nur mit Permission Marketing in Verbindung stehen, gelten die folgenden Erkenntnisse vordergründig als Richtlinien. Es muss dabei berücksichtigt werden, dass die gesammelten Informationen auch Aspekte von E-Mail-Marketing ohne Erlaubnis-Grundlage enthalten, da die Grenzen zu Permission Marketing in der Praxis fliessend sind.

Eine erste wichtige Erkenntnis kann aus der (Nicht-)Bekanntheit von Permission Marketing und den damit verbundenen Begriffen gewonnen werden. Die Tatsache, dass die Mehrheit der Teilnehmer wenig bis gar nichts zum Thema Permission Marketing wusste, deutet auf ein grosses noch nicht ausgeschöpftes Potential hin. Nur weil die meisten Konsumenten nichts davon gehört haben, bedeutet das nicht, dass sie nicht davon betroffen sind. Wie im zweiten Kapitel erklärt wurde, spielt das Bewusstsein und die Transparenz der Erlaubnis-basierten Kundenbeziehung eine wichtige Rolle bei der Vertrauensbildung. Bei seriös angewendetem Permission Marketing kann in diesem Bereich einiges an zusätzlichem Vertrauen gewonnen und somit der Customer Lifetime Value gesteigert werden.

Beim Umgang mit E-Mails kann erfreulicherweise festgestellt werden, dass die grosse Mehrheit eine positive Grundeinstellung hat. Das ist bei der Verwendung von E-Mails als Medium für Permission

Marketing natürlich eine Grundvoraussetzung, welche erfreulicherweise trotz der hohen Belastung weiterhin erfüllt ist. Bei der Untersuchung zum täglichen E-Mail-Gebrauch ist die Zahl der gelesenen E-Mails am interessantesten. Wenn Permission Marketing richtig angewendet wird, darf davon ausgegangen werden, dass die E-Mails, zumindest kurz, gelesen werden. Die Anzahl gelöschter und Spam-E-Mails sind sehr wahrscheinlich grösstenteils auf schlechtes E-Mail-Marketing zurückzuführen. Die Mehrheit der Befragten gibt an, Tag für Tag 20 bis 40 E-Mails zu lesen. Wenn nun der Permission Marketer „nur" einmal pro Woche eine E-Mail versendet, stammt von ihm im Durchschnitt nur jedes 150te[89] E-Mail. Das verdeutlicht die Herausforderung, jedes verschickte E-Mail mit herausragenden Inhalten zu gestalten, um nicht in der ganzen Mail-Flut unterzugehen. Falls die Zielgruppe aus Personen aus dem oberen Management besteht, muss zudem noch stärker darauf geachtet werden, die Informationen so kompakt wie möglich darzustellen. Die Möglichkeiten, welche dazu zur Verfügung stehen, wurden bereits im zweiten Kapitel analysiert.

Ein Grund zur Beunruhigung könnten die Ergebnisse zur empfundenen Belastung darstellen. Die meisten Teilnehmer sind nicht glücklich mit der hohen Anzahl zu bearbeitenden E-Mails. Da jedoch nur eine Minderheit vorhat, den E-Mail-Gebrauch zu reduzieren, sollten sich daraus keine grösseren Probleme ergeben. Anzunehmen ist ausserdem, dass sich die Schmerzgrenze für die Anzahl E-Mails mit der Zeit weiter erhöht.

Eine Möglichkeit, aus der hohen Belastung Profit zu schlagen besteht darin, Permission Marketing über ein anderes Medium zu betreiben. Dies geschieht momentan zum Beispiel mit den in Kapitel zwei beschriebenen RSS-Feeds, welche wie das E-Mail von den tiefen Kosten und der Geschwindigkeit des Internets profitieren, den Kunden aber mehr selbstgestalterische Möglichkeiten zugestehen und somit für deren Entlastung sorgen können.

Aus den Fragen zu den Newslettern ist die erste Erkenntnis, von welcher das Permission Marketing betroffen ist, diejenige der Diskrepanz zwischen der Anzahl abonnierter und tatsächlich gelesener Newsletter. Im Durchschnitt hat jeder Nutzer 1-2 Newsletter abonniert, welche er gar nicht liest. Der Wert der möglicherweise in den

---

[89] 150 = (20+40)/2 * 5 Arbeitstage

Newslettern enthaltenen (Fremd-)Werbung mag dadurch zwar steigen, doch für eine effektive Erfolgskontrolle bilden Informationen über die tatsächliche Anzahl Leser einen zentralen Bestandteil. Um dies zu kontrollieren können die Öffnungsraten analysiert werden. Dies bedeutet aber nicht, dass die Inhalte auch tatsächlich gelesen werden. Informationen können auch so strukturiert werden, dass man den ganzen Bericht nur durch Anklicken eines Links erhält, was wiederum bessere Rückschlüsse über das Leseverhalten der Abonnenten liefert.[90]

Die Dominanz der geschäftlichen Themen bei der Frage nach den Inhalten von Newslettern zeigt, dass diese auch für den B2B Bereich ein effektives Permission Marketing Medium darstellen. Die Verteilung der weiteren Themen lässt erkennen, in welch verschiedenen Branchen das Permission Marketing Konzept mit Newslettern angewendet werden kann, wenn das Interesse nach aktuellen und nützlichen Informationen vorhanden ist.

Die Analyse der aktuellen Frequenzen von Newslettern sowie der Kundenerwartungen dazu haben ein deutliches Ungleichgewicht gezeigt. Wenn es nach den Kunden ginge, müsste die Frequenz der Newsletter-Sendungen deutlich reduziert werden, am besten auf nur noch eine pro Monat. Der Permission Marketer gerät dadurch natürlich in eine Zwickmühle, da Seth Godin in seinem Buch ausführlich erklärt, wie wichtig eine hohe Frequenz für das Aufbauen von Vertrauen ist, welches den Grundstein für eine längerfristige Kundenbeziehung legt. Um die optimale Häufigkeit der Mailings zu ermitteln, muss also das Gleichgewicht zwischen Kundenerwartungen und vertrauensbildender Frequenz gefunden werden.

Eng mit der Frequenz verbunden ist auch der Umfang der jeweiligen Newsletter. Wenn ein Newsletter nur einmal im Monat verschickt wird, darf es ruhig ein wenig umfangreicher sein. Grundsätzlich gilt es aber zu berücksichtigen, dass die Mehrheit der Kunden nur eine bis fünf Minuten für das Lesen der Inhalte investiert. Bei Personen auf einem höheren Hierarchielevel ist es noch ausgeprägter, da nur zehn Prozent von diesen mehr als fünf Minuten aufwendet. Dabei ergibt sich eine ähnliche Situation wie bei der Frequenz, da der Permission Marketer lieber mehr Zeit für das Be-

---

[90] Vgl. Emarsys Sammelband E-Mail-Marketing-Studien 2007, S. 38-39

werben seines Produktes haben würde, als der Kunde zu investieren bereit ist. Genauso gilt es hier, die optimale Balance zu finden.

Eine gute Möglichkeit, bei solchen Problemen die goldene Mitte zu finden, bietet das dank dem Internet billige Testen von verschiedenen Alternativen. So können zum Beispiel zwei verschiedene Newsletter an je einen Teil der Empfänger verschickt und dann die Reaktionen ausgewertet werden. Das lässt sich auch gut für verschiedene Betreffzeilen, Wochentage oder Darstellungen anwenden.[91]

Die Frage nach den Einschätzungen der Teilnehmer zu den Zukunftschancen von Permission Marketing hat ein erfreuliches Resultat geliefert. Ob Permission Marketing wirklich, wie von den Teilnehmern erwartet, Erfolgspotential birgt, wenn es richtig angewendet wird, ist Teil des nächsten Kapitels.

4.2 Chancen und Gefahren des Permission Marketings

Die bisherigen Kapitel waren eher darauf fokussiert, wo und wie Permission Marketing bereits angewandt wird. Im Folgenden sollen nun Aspekte behandelt werden, welche Potentiale zur stärkeren Ausschöpfung der Permission Marketing-Vorteile beinhalten. Um dabei den Bezug zur Praxis nicht zu verlieren, basieren diese auf nützlichen Anwendungsmöglichkeiten und bestehen nicht aus realitätsfernen Ideen und Theorien.

4.2.1 Chancen des Permission Marketings

In der Analyse der Umfrage wurden bereits verschiedene Chancen zur Verbesserung des Permission Marketings erwähnt. Neben der kontinuierlich weiterentwickelten Gestaltung der E-Mails bzw. Newsletter und weiteren Innovationen im Dialog mit den Kunden kann Permission Marketing auch in verschiedene Richtungen ausgebaut werden. Eine Möglichkeit besteht darin, eine gut funktionierende Kundenbeziehung auszunutzen und ähnliche Produkte zu verkaufen. Dabei muss allerdings darauf geachtet werden, die Kunden nicht mit zu vielen oder unpassenden Angeboten zu überfallen, da sonst der Wert der Permission verloren gehen kann.[92]

---

[91] Vgl. Zorn 2007, S. 56
[92] Vgl. Godin 2007, o.S.

Permission Marketing kann aber nicht nur durch verschiedene Produkt-Angebote ausgebaut werden, sondern auch auf mehrere Kommunikations- und Vertriebswege. Bei diesem Multichannel-Marketing[93] kann der Kundendialog mit der Permission auf verschiedene Medien ausgeweitet werden. Anstelle des E-Mails kann auch via Telefon oder Briefpost kommuniziert werden, was sich positiv auf eine nachhaltige Kundenbindung auswirkt. Man muss jedoch darauf bedacht sein, auf allen Kanälen eine einheitliche Permission Strategie zu haben.[94]

Das virale Marketing kann mit Permission Marketing ebenfalls effizient angewendet werden. Bei weitergeleiteten E-Mails müssen die Empfänger eine einfach gestaltete Möglichkeit haben, ebenfalls das Einverständnis für den Dialog geben zu können. Mit einem Anmeldelink direkt in der E-Mail oder andernfalls gut platziert auf der Homepage, kann virales Permission Marketing einen günstigen Werttreiber darstellen.

Schlussendlich ergeben sich für Permission Marketing mit jeder neuen Innovation im Kommunikations- bzw. Direktmarketing-Bereich neue Chancen. Viele Möglichkeiten wurden bereits genutzt und in dieser Untersuchung beschrieben. Der Grundgedanken hinter Permission Marketing, nämlich das Bewerben mit dem Einverständnis der Kunden, wird sich auch in Zukunft auf verschiedenste Medien anwenden lassen.

4.2.3 Kritik an Permission Marketing

Ein erster Kritikpunkt gilt bislang zwar erst für das allgemeine E-Mail-Marketing, insbesondere Spam-Mails, könnte jedoch auch verstärkt Permission Marketing betreffen, wenn sich mehr Marketer dieses Konzepts bedienen. Das E-Mail hat viele tiefgreifende Vorteile gegenüber anderen Direktmarketing-Medien, wie die geringen Kosten, die Schnelligkeit und die grosse Reichweite. Diese Vorteile haben aber auch dazu geführt, dass die Benutzung von E-Mails immer häufiger übermässig und missbräuchlich angewendet wurde. Daraus entstand eine grosse Ablehnung gegenüber (Werbe-)E-Mails, was zu Problemen fürs Marketing führte.[95] Wie aber auch die

---

[93] Vgl. Bachem 2005, o.S., zit. nach: Schwarz 2005, S. 47
[94] Vgl. Duncan 2003, o.S., zit. nach: Precision Marketing 2003, S. 26
[95] Vgl. Nussey 2004, S. 14-15

Untersuchung gezeigt hat, werden E-Mails weiterhin sehr häufig benutzt und funktionieren auch als Marketing-Instrument.

David Reed kritisiert in einem Artikel, dass Permission Marketing in der Praxis nicht sehr beliebt ist. Da das Einholen der Permission schwierig zu erreichen ist und den Marketer dadurch einschränkt, wird es häufig ignoriert oder vermieden. Häufig stösst Permission Marketing auch auf Ablehnung, weil das Pflegen der bestehenden Kundschaft weniger anerkannt ist als das Akquirieren neuer Kunden und oft auch finanziell schlechter honoriert wird.[96] Dadurch geht eine grosse Chance zur Generierung langfristiger Unternehmenswerte verloren.

Des Weiteren kann man in der praktischen Anwendung von Permission Marketing kritisieren, dass die Unterbrechung um ein Opt-In zu erreichen viel höher ist als beim Interruption Marketing. In den wenigsten Fällen ist dann die erhaltene Information wirklich so wichtig und interessant, als dass sich dieser Mehraufwand gelohnt hätte. Das Unterschreiben der Erlaubnis erfolgt zudem häufig für das Erhalten einer bestimmten Information, während die folgenden E-Mails oftmals ohne zu lesen gelöscht werden. Zudem müssen, um die Kundenbeziehung langfristig gestalten zu können, ständig neue Anreize gegeben werden, welche ein grosses Wissen über den Kunden voraussetzten. Dies ist in der Praxis ebenfalls nur sehr umständlich zu erreichen und auf einem aktuellen Stand zu halten.[97] Diese Hindernisse können den Gebrauch von Permission Marketing in der Praxis behindern, sollten aber überwindbar sein.

Eine letzte kritische Bemerkung betrifft die Vorstellung, dass Permission Marketing das Spam-Problem lösen könne. Selbst wenn die Permission mit gesetzlichen Grundlagen gefestigt würde, könnte dies das Problem nicht lösen, da Spammer mit betrügerischen Mitteln arbeiten. Sie benutzen irreführende Absender und Betreffzeilen und verschicken ihre E-Mails an geklaute oder erfundene Adressen. Wenn Permission gesetzlich vorgeschrieben würde, können Spammer aus andern Ländern weiterhin ihre E-Mails verschicken. Viele E-Mail Marketer würden dadurch möglicherweise auf Permission

---

[96] Vgl. Reed 2006, S. 40
[97] Vgl. Mitchell 2001, S. 40

Marketing zurückgreifen, doch das Spam-Problem wird dadurch nicht gelöst.[98]

Diese Kritiken zeigen, dass man auch Permission Marketing nicht vorbehaltslos anwenden darf und die verschiedenen damit verbundenen Schwierigkeiten berücksichtigen muss. Wenn diese überwunden werden können, stellt Permission Marketing aber ein erfolgsversprechendes Direktmarketing-Medium dar.

---

[98] Vgl. Brøndmo 2003, o.S.

5 Schlussbetrachtung

In diesem letzten Kapitel wird ein Überblick über die wichtigsten Ergebnisse dieser Untersuchung gegeben und das methodische Vorgehen analysiert. Zum Schluss werden noch Hinweise auf notwendige und ergänzende Untersuchungsmöglichkeiten gegeben.

5.1 Erkenntnisse und methodisches Vorgehen

Mit der Definition, in Anlehnung an Seth Godin und Torsten Schwarz, von Permission Marketing wurde deutlich, dass das Konzept mithelfen kann, das Problem der immer grösseren Werbeflut zu entschärfen. Die Entwicklung in den letzten zehn Jahren hat gezeigt, dass das Thema Permission Marketing eine hohe Popularität gewonnen und sich in verschiedenen Branchen ausgebreitet hat. Dadurch haben sich immer mehr Unternehmen und Personen damit befasst, was in verschiedenen Bereichen zu neuen Erkenntnissen und Theorien geführt hat. Mit der Studie wurden dann verschiedene Anhaltspunkte gefunden, wie Permission Marketing den Kundenvorstellungen entsprechend gestaltet werden kann. Die wichtigsten Erkenntnisse dabei waren die knappe Zeit, welche fürs Lesen von Newslettern verwendet wird, die bereits hohe Belastung durch E-Mails im Alltag und die aus Kundensicht zu hohe Frequenz der Newsletter. Die verschiedenen Kritikpunkte aus dem letzten Kapitel haben schlussendlich dokumentiert, dass Permission Marketing kein Selbstläufer ist und sein Erfolg nur bei einer sorgfältigen Anwendung erreicht werden kann.

Das methodische Vorgehen mit einer Definition zu Beginn und anschliessender Abarbeitung der verschiedenen Teil-Aspekte hat es erlaubt, einerseits die von Seth Godin geprägte Idee des Permission Marketings zu zeigen und andererseits auch die einzelnen Themen zu analysieren und mit weiteren Meinungen zu ergänzen. Dies hat die Basis zur anschliessenden Untersuchung gelegt, mit welcher die Forschungsfragen abschliessend beantwortet werden konnten.

5.2 Ergänzende Untersuchungen und Ausblick

Ein Thema, das in den nächsten Jahren auch in der Schweiz aktuell werden könnte, betrifft den Konsumenten- und Datenschutz. In der EU wurden, wie bereits in Kapitel 2.2.7 erwähnt, bereits neue Gesetzesvorlagen erlassen, welche ein Opt-In zwingend vorschreiben. Da dies in der Schweiz und in den USA noch nicht Pflicht ist, könnte auch da eine Diskussion beginnen. Eng mit den rechtlichen Fragen verbunden sind auch die ethischen und moralischen Aspekte des Online-Marketings. Studien zu diesem Thema sowie zu den Auswirkungen der gesetzlichen Neuerungen würden einen hilfreichen Beitrag zu einer sachlichen Diskussion liefern.

Auch vom technologischen Fortschritt ist Permission Marketing stark betroffen. Verschiedene Permission- bzw. E-Mail-Marketing Unternehmen entwickeln neue Software und Systeme, welche die Online-Werbung vorantreiben. Starke Auswirkungen können natürlich auch von innovativen Killer-Applikationen ausgehen. Die Einflüsse, welche diese Entwicklungen auf Permission Marketing haben und umgekehrt, müssten ebenfalls untersucht werden.

Wie bereits in Kapitel 2.1 deutlich wurde, ist das Internet einem kontinuierlichen Veränderungsprozess unterworfen. Davon betroffen ist auch das Online-Verhalten der Benutzer. Die Auswirkungen, welche dies auf den Gebrauch von Permission Marketing hat, müssen weiterhin untersucht werden. Am vielversprechendsten könnte das mit einer Längsschnittstudie gemacht werden, wodurch die Veränderungen über die Zeit analysiert werden können.

Die Integration des Permission Marketings in den gesamten Geschäftsprozess ist, wie in der Kritik erwähnt wurde, mit verschiedenen Schwierigkeiten verbunden. Die verschiedenen Service-Anbieter haben dazu bereits viele Lösungen entwickelt. Eine wissenschaftliche Untersuchung dazu könnte jedoch auch zu einer Verbesserung von Permission Marketing beitragen.

Permission Marketing hat sich seit seiner Erfindung zwar ständig weiterentwickelt und verändert, doch die Grundidee dahinter verspricht weiterhin Erfolg und wird das Marketing auch in Zukunft prägen.

Literaturverzeichnis

Amato, D. (2002): Procter & Gamble signs Permission Marketing Database Deal with XOR Inc., in: PR Newswire, 14. Februar 2002, o.S.

Baker, R. (1999): The Business Week Best-Seller List, in: http://www.businessweek.com/1999/99_45/b3654118.htm, 29.06.2008, o.S.

Bourgeault, G. (2007): Permission Marketing in Gaming, in: The Alpha Marketer, 07. April 2007, o.S.

Bray, E.T. et al. (2005) : Web-based Permission Marketing: Segmentation for the Lodging Industry, in: Tourism Management 28(2007)Januar, S. 1408-1416

Brøndmo, H.-P. (2003): Mandating Permission won't solve Spam, in: http://www.clickz.com/showPage.html?page=2106781, 20.07.2008, o.S.

Chaffey, D. (2003): Total E-Mail Marketing, Oxford 2003

Chaffey, D. (2008): E-Permission Marketing, in: http://www.davechaffey.com/E-marketing-Insights/E-mail-marketing/E-permission-marketing, 08.07.2008, o.S.

Clark, B. (2007): Permission Marketing 2.0, in: http://www.copyblogger.com/permission-marketing-20/, 08.07.2008, o.S.

Crocker, D. (2008): E-Mail History, in: http://www.livinginternet.com/e/ei.htm, 04.07.2008, o.S.

Daniels, D. (2007): US E-Mail Marketing Forecast 2007 to 2012, New York 2007

Dugan, S.M. (2000): Net Prophet: Whackaflack.com: A Case of Permission Marketing that gets just plain sneaky, in: InfoWorld, 14. August 2000, S. 102-104

Fuchs, G. M./Meletiadou, A./Sacher, M. (2007): Leitfaden E-Mail-Werbung für Online-Shops, Düsseldorf 2007

Gallogly, J. und Rolls, L. (2002): Permission is about your Relationship, in: http://www.clickz.com/showPage.html?page=1369351, 09.07.2008, o.S.

Gert, E. (2008): Internet Glossar, in: http://www. teachsam.de/arb/internet/www/glossar_www.htm, 03.07.2008, o.S.

Godin, S. (1997): Permission Key to successful Marketing, in: Advertising Age 68(1998)45, S. 31-34

Godin, S. (1999): Permission Marketing – Turning Strangers into Friends, and Friends into Customers, New York 1999

Godin, S. (2007): Amazon crosses a Line (and forgets to bring a Gift), in: http://sethgodin.typepad.com/seths_blog/2007/08/amazon-crosses-.html, 20.07.2008, o.S.

Godin, S. (2008): Are they ready to Listen?, in: http://sethgodin.typepad.com/, 27.07.2008, o.S.

Greenfield, J. (2002): Product Placement with a 'Twist'; Hollywood takes a Hint from the Internet & moves towards Guerilla Style 'Permission Marketing', in: Internet Wire, 22. August 2002, o.S.

Hoffmann, A. (1996): Die Geschichte des Internet: Vom Tummelplatz der Militärs zur Werbefläche kommerzieller Anbieter, in: Immobilien Zeitung 15(1996)Juli, S. 8-11

Kavassalis, P. et al. (2003): Mobile Permission Marketing: Framing the Market Inquiry, in: International Journal of Electronic Commerce 08(2003)01, S 55-79

Keller, M.-J./Nagel, J. (2007): Die Werbung – Beiträge um das rechtssichere Werben im Internet, München 2007

Kotler, Ph. (2003): Standpunkt Philip Kotler, in: Campus (Hrsg.): Campus Management, Frankfurt 2003, S. 374-376

Kotler, Ph./Keller, K. L./Bliemel, F. (2007): Marketing-Management, 12., aktualisierte Auflage, München 2007

Leiner, B.M. (1997): The Past and Future History of the Internet, in: Communications of the ACM 40(1997)2, S. 102-108

MacPherson, K. (2001): Permission-based E-Mail-Marketing that works, Chicago 2001

MacPherson, K. (2008): Kim MacPherson, in:
http://www.clickz.com/showPage.html?page=3622673, 08.07.2008, o.S.

Mangalindan, M. (1999): Biggest Critic of Yahoo now drives Company Profits: Internet Portal tests Permission Marketing, in: Calgary Herald, 04. Oktober 1999, o.S.

Mitchell, A. (2001): Taking Liberties with Permission Marketing, in: Marketing Week,15. März 2001, S. 40-42

Nussey, B. (2004): The quiet Revolution in E-Mail-Marketing, Lincoln 2004

o.V. (1986): SR 241 Bundesgesetz vom 19. Dezember 1986 gegen den unlauteren Wettbewerb (UWG), Stand 1. April 2007, Bern 1986

o.V. (1998): Kleine Geschichte des Internets, in: Tages Anzeiger, 30. November 1998, S. 71

o.V. (2001): Charting the Rise of Permission Marketing, in: Precision Marketing, 03. August 2001, S. 11-14

o.V. (2001): Some Keypoints in the Internet History, in: Tire Business 19(2001)13, S. 10

o.V. (2001): TecChannel - Online-Werbung: Umsatz 2007 verdoppelt, in: http://www.tecchannel.de/webtechnik/news/1742915/, 04.07.2008, o.S.

o.V. (2001): New Application Jumpstarts Online Permission Marketing Programs, in: Direct Marketing 63(2000)4, S. 2-3 o.V. (2003): Special Report - Permission Marketing: Beg your Pardon, in: Precision Marketing, 21. November 2003, S. 25-29

o.V. (2004): T-Online startet Angebote für Permission Marketing, in: E-Market online, 19. August 2004, o.S.

o.V. (2004): Federal Trade Comission – The CAN-SPAM Act: Requirements for Commercial Emailers, in:
http://www.ftc.gov/bcp/conline/pubs/buspubs/canspam.shtm, 12.07.2008, o.S.

o.V. (2005): Building Blockers?; Permission Markting, in: Data Strategy 04. Mai 2005, S. 14-17

o.V. (2007): Emarsys Sammelband E-Mail-Marketing-Studien, Wien 2007

o.V. (2008): Auf den Punkt gebracht: Wie funktioniert laborpraxis.de? Was ist ein Webcast, Blog oder ein RSS-Feed?, in: LaborPraxis 6(2008)Juni, S. 8

o.V. (2008): Bundesministerium der Justiz – UWG, in:
http://www.bmj.bund.de/enid/3811e306012b237e0726da4ff3dc7d25,0/Handels-_u__Wirtschaftsrecht/UWG_o9.html, 12.07.2008

o.V. (2008): Emarsys E-Mail-Adressengenerierung 2008, Wien 2008

o.V. (2008): Emarsys E-Mail-Marketing Benchmarks 2007, Wien 2008

o.V. (2008): Miniwatts Marketing Group - Internet Usage Statistics, in:
http://www.internetworldstats.com/stats.htm, 04.07.2008, o.S.

o.V. (2008): Responsys: On-Demand Marketing Leader and #1 Email Service Provider, in: http://www.responsys.com/company/index.php, 08.07.2008, o.S.

Rajecki, D. W. (1990): Attitudes, Sunderland 1990

Reed, D. (2006): Direct Marketing Permission Impossible ?, in: Marketing Week, 20. Juli 2006, S. 39-41

Ruzicka, P. (2000): Responsys.com Connects Growing Businesses to Online Permission Marketing With Free Public Beta of New Responsys Jumpstart(TM) Web Application, in: PR Newswire, 26. April 2000, o.S.

Schwarz, T. (2000): Permission Marketing - macht Kunden glücklich, Würzburg 2000

Schwarz, T. (2003): Dmmv-Praxishandbuch: E-Mail-Marketing, München 2003

Schwarz, T. (2005): Leitfaden Permission Marketing – Werbung die ankommt, Waghäusel 2005

Segal, B. (1995): A Short History of Internet Protocols at CERN, in: http://ben.home.cern.ch/ben/TCPHIST.html, 04.07.2008, o.S.

Simpson, R. (2003): Special Report - Permission Marketing: Etiquette of Intrusion, in: Precision Marketing, 25. Juli 2003, S. 15-17

Taylor, W. C. (1998): Permission Marketing, in: Fast Company 14(1998)März, S. 35

Tezinde, T./Smith, B./Murphy, J. (2002): Getting Permission: Exploring Factors affecting Permission Marketing, in: Journal of Interactive Marketing 16(2004)4, S. 28-36

Walter, I. (2006): Vorlesung 1. Teil – Wintersemester 2006/07, Wien 2006

Wohlgemut, A. (2008): Unternehmensberatung, 9. Aufl., Zürich 2008

Zorn, N. (2007): Praxishandbuch E-Mail und RSS-Marketing, Bonn 2007

Zorn, N. (2008): Gartner: E-Mail ist die beliebteste Internetanwendung, in: http://www.emailmarketingblog.de/2008/05/14/gartner-e-mail-ist-die-beliebteste-internetanwendung/, 29.06.2008, o.S.

Total Warenwert

Coupon Rabatt

Gesamtwert der Bestellung inkl. MWST

als Geschenk verpacken

Geschenkgutschein/Coupon einlösen? >>> ändern

Gutschein Nr.

Wenn Sie mehrere Gutscheine einlösen möchten, geben Sie die Gutscheinnummer im Mitteilungsfeld ein. - 10% Coupons und Bücher Rabatte sind nicht mit anderen % Coupons kumulierbar! **Achtung!** Der Betrag wird Ihnen erst nach der internen Verarbeitung abgezogen.

Text für Geschenkkarte >>> ändern

>> kein Geschenktext eingegeben

webmiles Login >>> speichern

Herzlichen Glückwunsch! Sie sammeln mit dieser Bestellung **128** *W ebmiles:*

Username:

Passwort:

Wenn Sie Ihren webmiles Usernamen oder Ihr webmiles Passwort ändern, klicken Sie auf den Button "speichern" bevor Sie die Bestellung übermitteln (**Anmeldung bei webmiles nicht vergessen**)

Meine Mitteilung an citydisc.ch >>> ändern

>> keine Mitteilung eingegeben

Correspondenzsprache Deutsch

AGB gelesen und akzeptiert ? >>

Anmeldung für den Newsletter (2x pro Monat) >>

Ihre Daten werden vertraulich behandelt und nicht weitergegeben)

Bitte klicken Sie nur 1x)
Bestellung übermitteln

Übersicht „Permission Marketing" (1999) von Seth Godin:

Übersicht „Permission Marketing" (2000) von Torsten Schwarz:

Aus dem deutschen UWG, § 7 Unzumutbare Belästigungen:

„(1) Unlauter im Sinne von § 3 handelt, wer einen Marktteilnehmer in unzumutbarer Weise belästigt.

(2) Eine unzumutbare Belästigung ist insbesondere anzunehmen

1. bei einer Werbung, obwohl erkennbar ist, dass der Empfänger diese Werbung nicht wünscht;

2. bei einer Werbung mit Telefonanrufen gegenüber Verbrauchern ohne deren Einwilligung oder gegenüber sonstigen Marktteilnehmern ohne deren zumindest mutmaßliche Einwilligung;

3. bei einer Werbung unter Verwendung von automatischen Anrufmaschinen, Faxgeräten oder elektronischer Post, ohne dass eine Einwilligung der Adressaten vorliegt;

4. bei einer Werbung mit Nachrichten, bei der die Identität des Absenders, in dessen Auftrag die Nachricht übermittelt wird, verschleiert oder verheimlicht wird oder bei der keine gültige Adresse vorhanden ist, an die der Empfänger eine Aufforderung zur Einstellung solcher Nachrichten richten kann, ohne dass hierfür andere als die Übermittlungskosten nach den Basistarifen entstehen.

(3) Abweichend von Absatz 2 Nr. 3 ist eine unzumutbare Belästigung bei einer Werbung unter Verwendung elektronischer Post nicht anzunehmen, wenn

1. ein Unternehmer im Zusammenhang mit dem Verkauf einer Ware oder Dienstleistung von dem Kunden dessen elektronische Postadresse erhalten hat,

2. der Unternehmer die Adresse zur Direktwerbung für eigene ähnliche Waren oder Dienstleistungen verwendet,

3. der Kunde der Verwendung nicht widersprochen hat und

4. der Kunde bei Erhebung der Adresse und bei jeder Verwendung klar und deutlich darauf hingewiesen wird, dass er der Verwendung jederzeit widersprechen kann, ohne dass hierfür andere als die Übermittlungskosten nach den Basistarifen entstehen.“

1. Willkommen

Mein Name ist Daniel Wieland und ich bin Student der Wirtschaftswissenschaften an der Universität Zürich. Zurzeit verfasse ich eine Bachelorarbeit, in welcher ich die Verbreitung und das Potential von Permission Marketing untersuche.

Mit den Ausfüllen dieser Umfrage helfen Sie nicht nur mir, Sie können dabei selbst noch etwas lernen. Ich habe den Fragebogen so konstruiert, dass Sie bei den entsprechenden Fragen jeweils auf der Folgeseite noch weiterführende Informationen zum Thema finden.
Ganz im Sinne des Lernens besteht für Sie die Möglichkeit, am Ende des Fragebogens Ihre E-Mail-Adresse zu hinterlassen und so die Ergebnisse dieser Umfrage zu erhalten.

Diese Umfrage erfolgt anonym und dauert ca. 5-10 Minuten.
Denken Sie dabei bitte daran: Es gibt kein Richtig oder Falsch. Einzig Ihre Meinung, Einschätzung und Wahrnehmung zählt.

Falls Sie noch Fragen zum Thema oder dieser Umfrage haben, schreiben Sie mir am Besten eine kurze E-Mail.

Herzlichen Dank für Ihre Zeit und Unterstützung!

Daniel Wieland
wieland@access.uzh.ch

D. Wieland

2. Bekanntheit Permission Marketing

Zu den verschiedenen hier abgefragten Begriffen gibts auf der Folgeseite eine kurze Übericht. Diese bitte erst nach Beantworten dieser Fragen aufrufen.

1. Wie gut kennen Sie folgende Begriffe/Personen?

	Noch nie gehört	Schon gehört	Begriff bekannt	Regelmässig verwendet
Opt-In/Opt-Out	○	○	○	○
Seth Godin	○	○	○	○
Double Opt-In	○	○	○	○
Five levels of Permission Marketing	○	○	○	○
Torsten Schwarz	○	○	○	○
Interruption Marketing	○	○	○	○
Permission Marketing	○	○	○	○
Rechtliche Spam-Rahmenbedingungen	○	○	○	○

3. Erläuterung zu den Permission Marketing Begriffen

Folgende Erklärungen dienen nur als Ergänzung und müssen für das Ausfüllen des Fragebogens nicht gelesen werden.

Permission Marketing, Seth Godin:
Coined and popularized by Seth Godin, permission marketing is the opposite of traditional interruption marketing. Permission marketing is about building an ongoing relationship of increasing depth with customers. In the words of Seth Godin, "Turning strangers into friends, and friends into customers."
Permission marketing has been hailed as a way for marketers to succeed in a world increasingly cluttered with marketing messages.

Torsten Schwarz:
Er gilt als Experte für Permission Marketing im deutschsprachigen Raum und hat dazu zwei prägende Bücher veröffentlicht. Mehr finden Sie auf www.absolit.de

Opt-In/Opt-Out:
Mit Opt-In wird der Vorgang bezeichnet, bei dem ein Kunde die Einwilligung ins Permission Marketing gibt. Opt-Out ist dem entsprechend der Abmeldevorgang. Beim Double Opt-In erhält der Kunde zuerst eine E-Mail, mit welcher er die Anmeldung erneut bestätigen muss.

Five Level of Permission Marketing:
Fünf von Seth Godin definierte Ebenen mit zunehmender Permission:
1. Situation
2. Brand trust
3. Personal Relationships
4. Points (liability model and chance model)
5. Intravenous (and "purchase-on-approval" model")

Interruption Marketing:
Ebenfalls ein Begriff von Seth Godin. Er versteht darunter die klassische (Unterbrechungs-)Werbung, also z.B. TV- oder Zeitungsanzeigen.

Rechtliche Rahmenbedingungen:
Aus "Bundesgesetz vom 19. Dezember 1986 gegen den unlauteren Wettbewerb (UWG)":
Unlauter handelt insbesondere, wer: Massenwerbung ohne direkten Zusammenhang mit einem angeforderten Inhalt fernmeldetechnisch sendet oder solche Sendungen veranlasst und es dabei unterlässt, vorher die Einwilligung der Kunden einzuholen, den korrekten Absender anzugeben oder auf eine problemlose und kostenlose Ablehnungsmöglichkeit hinzuweisen; wer beim Verkauf von Waren, Werken oder Leistungen Kontaktinformationen von Kunden erhält und dabei auf die Ablehnungsmöglichkeit hinweist, handelt nicht unlauter, wenn er diesen Kunden ohne deren Einwilligung Massenwerbung für eigene ähnliche Waren, Werke oder Leistungen sendet.

---

4. Umgang mit E-Mails und Newslettern

In diesem Teil würde ich gerne mehr über Ihren momentanen E- und Newsletter-Umgang erfahren.

1. Wie viele E-Mails werden von Ihnen durchschnittlich pro Tag... (geschäftlich und privat)

	0-10	11-20	21-30	31-40	41-50	50+
gelesen?	○	○	○	○	○	○
direkt gelöscht?	○	○	○	○	○	○
aus dem Spam-Ordner gelöscht?	○	○	○	○	○	○

2. Wie viele Newsletter haben Sie abonniert?

○ 0   ○ 1   ○ 2   ○ 3   ○ 4   ○ 5   ○ mehr

Permission Marketing

5. Newsletter #2

1. Wie viele von den abonnierten Newslettern lesen sie tatsächlich?

○ 0   ○ 1   ○ 2   ○ 3   ○ 4   ○ 5   ○ mehr

2. Falls Sie Newsletter löschen ohne sie zu lesen: Weshalb?

☐ Keine Zeit

☐ Inhalt nicht interessant

☐ Abmeldung zu aufwändig

Sonstiger Grund:

3. Zu welchen Inhalten haben Sie ein Newsletter abonniert?

☐ Geschäftliche Inhalte

☐ Testberichte

☐ Bevorstehende Termine/Events

☐ Produktpromotionen

☐ Trendletter

☐ Politik

☐ Immobilien

☐ Unterhaltung

☐ Ferienangebote

Weitere:

Permission Marketing

4. Weshalb haben sie diese Newsletter bestellt?

☐ geschäftlich / fachspezifische News

☐ geschäftlich / Konkurrenzbeobachtung

☐ privat / Aktuelle Produkte, Dienstleistungen

☐ privat / Unterhaltung, Hobby

☐ aus Versehen

Weitere:

5. Mit welcher Frequenz erhalten Sie die jeweiligen Newsletter...

	mehrmals pro Woche	wöchentlich	im 2 Wochen Rhythmus	monatlich	seltener
im Moment?	○	○	○	○	○
wenn Sie wählen könnten?	○	○	○	○	○

6. Wie viele Minuten befassen Sie sich durchschnittlich mit einem Newsletter?

○ 0

○ 1-3

○ 3-5

○ 5-10

○ 10-15

○ mehr als 15

Permission Marketing

6. Einstellung gegenüber E-Mails

In diesem Abschnitt soll die Einstellung gegenüber dem Umgang mit E-Mails untersucht werden.

1. Wie ist Ihre grundsätzliche Einstellung gegenüber E-Mails? (Sie können bewusst nur eines von Beidem auswählen.)

○ Fluch ○ Segen

2. Wie empfinden Sie die Anzahl der E-Mails, welche Sie täglich lesen (müssen)?

○ zu viel ○ eher viel ○ gerade richtig ○ eher wenig ○ zu wenig

3. Ich habe vor, meine Zeit für das Lesen von E-Mails...

○ zu reduzieren ○ beizubehalten ○ zu erhöhen ○ nicht gross zu kontrollieren

4. Zum Schluss würde ich gerne noch Ihre persönliche Meinung zu den Zukunftschancen von Permission Marketing haben.

○ Permission Marketing hat sich noch nie gelohnt
○ Die Zeit von Permission Marketing ist abgelaufen
○ Das Limit ist erreicht
○ Permission Marketing birgt, richtig angewendet, Erfolgspotential
○ Kundenbeziehungen laufen in Zukunft nur über Permission Marketing

---

Permission Marketing

7. Persönliche Informationen

Um Unterschiede im Verhalten mit Permission Marketing festzustellen, werden noch wenige persönliche (und anonyme) Informationen benötigt.

1. Alter:

○ 20-30 ○ 31-40 ○ 41-50 ○ 51-60 ○ 60+

2. Geschlecht:

○ Mann ○ Frau

3. Auf welchem Hierarchielevel würden Sie sich in Ihrem Unternehmen einstufen? (1 als höchstes Level)

○ 1 ○ 2 ○ 3 ○ 4 ○ 5

8. Das wars... fast.

Falls Sie an den Resultaten dieser Umfrage interessiert sind, können Sie hier Ihre E-Mail eintragen. Diese wird nach Versenden der Resultate umgehend wieder gelöscht.

1. Ja, ich will!
E-Mail:

2. Falls Sie noch Anmerkungen zur Umfrage haben, können Sie diese hier gerne platzieren.

Ich danke Ihnen ganz herzlich für Ihre Unterstützung und wünsche Ihnen einen sonnigen Sommer!
Mit Besten Grüssen, Daniel Wieland